百濟とタムロ(淡路)

百濟王室と倭王室とは 一家

金榮德

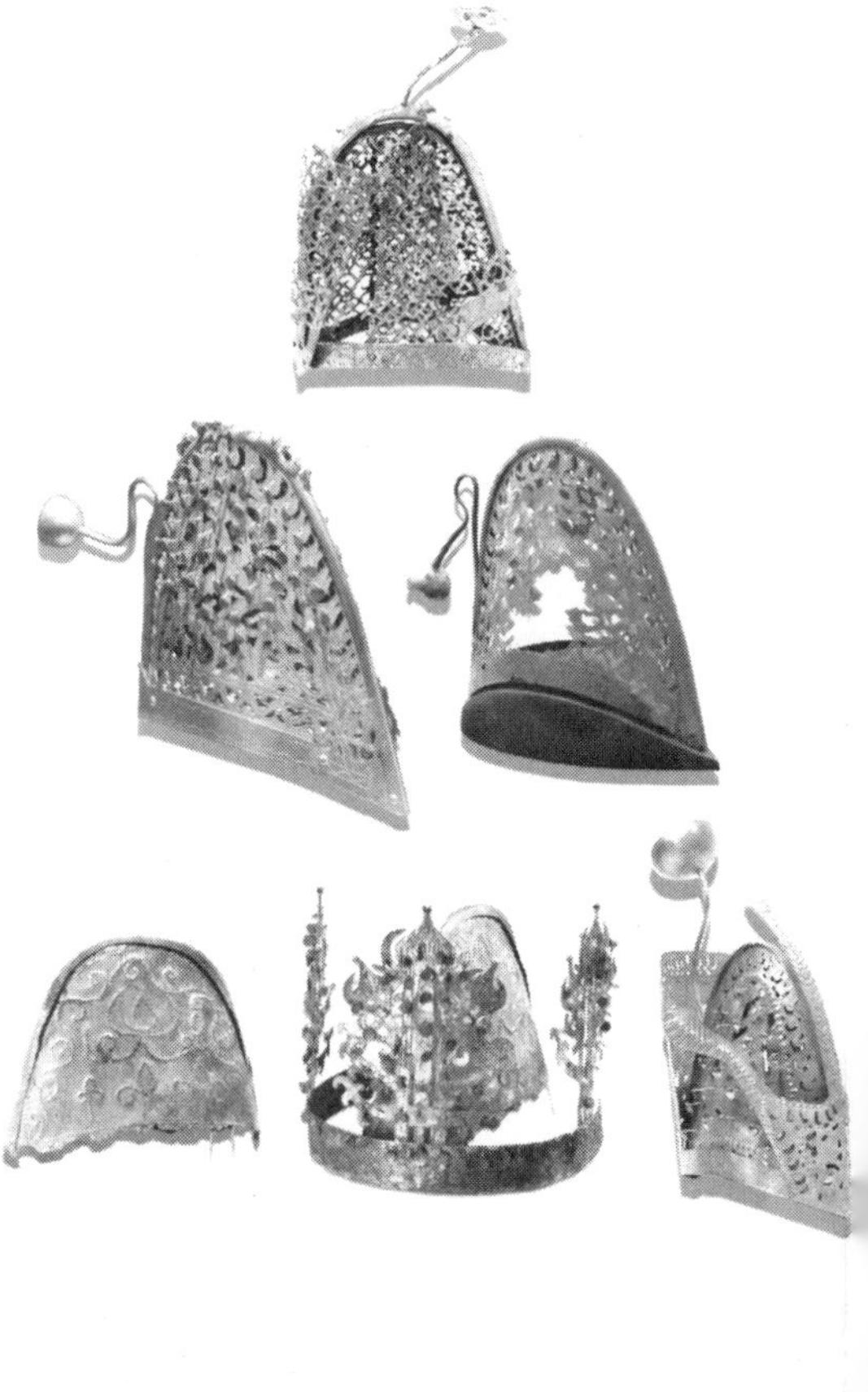

바히네
출판사

百濟と タムロ(淡路)

초판 발행 2014년 5월 30일 1쇄
지은이 김영덕
펴낸이 김영덕
펴낸곳 바히네 출판사
주소 서울시 마포구 독막로 209
전화 (02)705-8046
e-mail bahine@hanmail.net
등록번호 제2014-000109호
값 5,000원
ISBN 979-11-952920-0-4 93910

はじめに

「今までかくされた韓・日古代史の秘密」と言う多少長い題目で２４篇の文をインターネット新聞「ブレイクニュース」に連載した。それをもとにこの本を書いた訳(譯)である。

第一の章は「稲荷山古墳出土鐵劍」の銘文に関する拙論で 2009 年 12 月号の英文学術誌に載せられた文である。この銘文を基に埼玉県に百済の淡路が 5 世紀中葉にあったとの事を論證したのである。

このきっかけは 1988 年にさかのぼる。オリンピック大會の準備の工事中に百済の遺跡を破壊したとの ニュ―スを日刊新聞が大きく報道した。さっそく現地に馳せかけ古墳がこわれ白骨がはみだしたのを見た。ついでにその隣にあった百済の古墳の石室内も訪れた。

当時私は王立亜細亜学会韓国支部の活動にたずさわり会員と日本にある百済文化の名残りを探訪もよくした。

その頃、古代韓語にも関心があって柳烈著「三国時代の史讀に関する研究」の中で江田船山古墳出土の鐵劍にある漢字の判讀に関して日本通説と違うのが二、三字あると主張していた。

それでは稲荷山古墳出土の鐵劍もさらに検討すべきだと思い、私の古代歴史探訪の旅は始まったのである。

そして百済と古代日本の歴史に秘められた驚くべき史実がうかびあがったのである。

この本の歴史探訪は西紀 369 年にさかのぼる。百済の近肖古王の時代である。百済は洛東に沿岸の加羅七ヶ國を平定して、この国々を治めていた。ところが西紀 369 年高句麗の百済侵功時、韓半島南端にあった河東の獲居卽ち領主は百済の滅亡直前の危機に絶望したあげく、倭地に亡命することを決心してはるばる東京の荒川のほとりまで来たのだ。その子孫はこの河をさかのぼり、一帯に定着したついでに、百済の候王になる百済王族の家系歴史を記したのが、稲荷山剣銘の内容である事が明らかになったのだ。古代歴史探訪は続いた。

その結果明らかになった古代韓日歴史のあらましを記す。西紀 396 年高句麗侵攻を逃れて公州にあった元百済の穫居（ワケ）も関東の河内に亡命して大倭（大和）を開国したのは西紀 397 年の事だ。当時百済の太子直支は大倭に来て七年間をこの地で過ごす。

この時毗有王子をもうける。西紀 485 年に直支は百済にもどり、国王になり、その后を久爾辛がついだが、若く亡くなり、大倭に生れ育った毗有がその后を嗣いで西紀 427 年に国王にのぼる。毗有は大倭にいた時に生んだ 2 人の子、加須利と昆支の中で長子加須利を倭王に定めたのが西紀 443 年頃の事だ。この倭王済は西紀 455 年に百済に父王の后をつぎ蓋鹵大王の王位にのぼる。倭王の王位は弟昆支が嗣ぎ倭王興になり日本書紀の雄略天皇にあたる。西紀 477 年蓋鹵大王の子斯麻が興ノ雄略の后をつぎ倭王武になる。そして 502 年には昆支の子である百済の東城王につづいて倭王武は武寧大王になりその倭王位は継体が附くことになったことが明らかになった。

そして西紀 670 年頃大倭は日本に生まれかわった。その后も日本の倭王室は百済の王室の血縁を継ぐことになったのだと思う。百済と大倭は一体であったわけである。このような古代史の真実が韓日の人々に広められ将来の明るい韓日の友好關係にすこしでも役に立つことを望む。

2014. 5.　著者　金榮德

目次

百済王室 と 倭王室

親族 関係

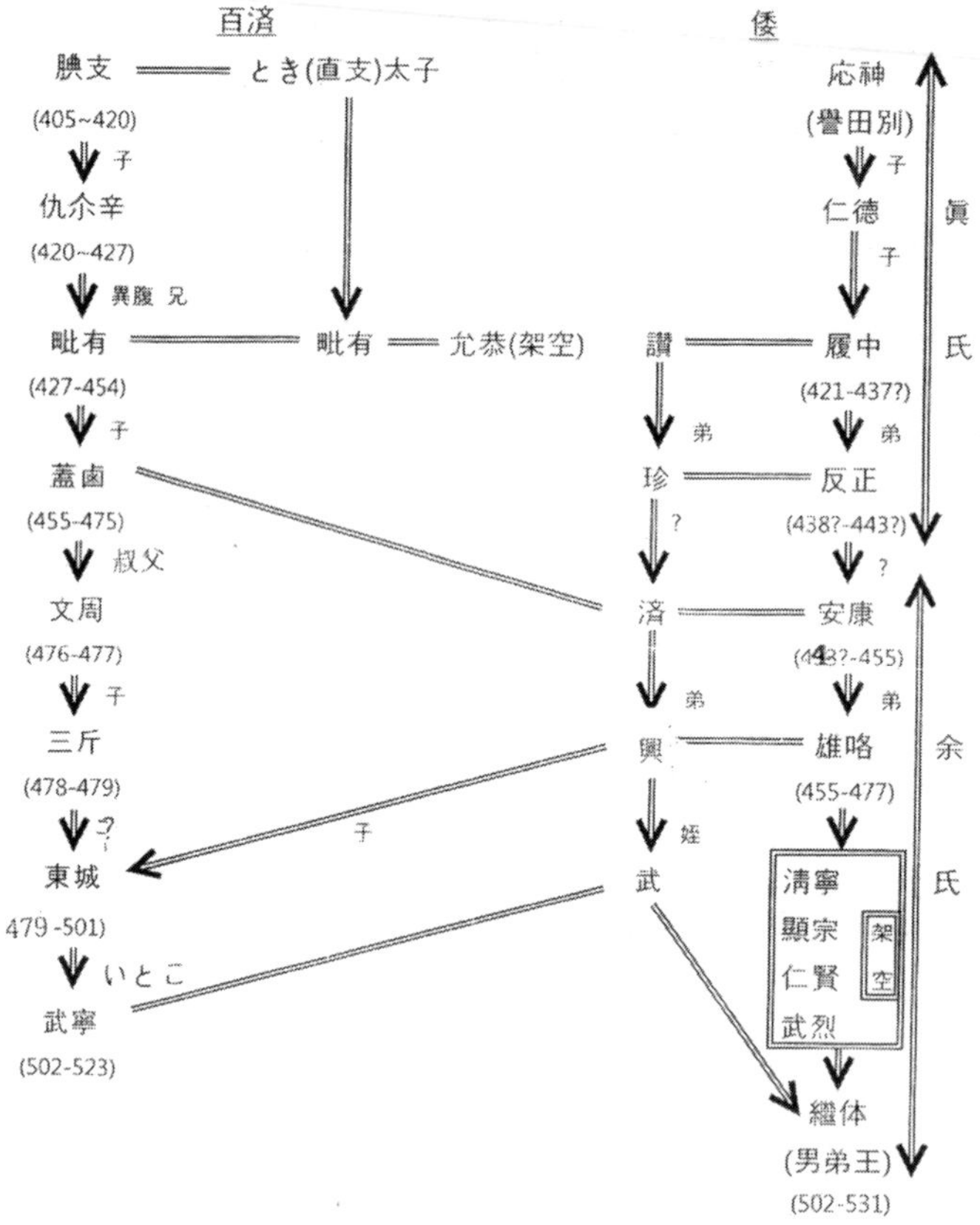

第一章　稲荷山 出土 鉄剣銘文を吏読で読み直す：乎獲居は百濟の蓋鹵大王に仕えた。

本稿は４世紀末に海を渡って日本埼玉県で亡命移住した百済の領主の子孫が鉄剣に刻んで残した移民史でも征服史でもある銘文を新しく吏読で見直した論文である。

稲荷山古墳から出土したこの鉄剣銘文の発掘は太安麻呂の墓誌と高松古墳と共に太平洋戦後日本の考古学界の三大発掘の一つとして評価されている。

まず日本の通説を述べたあとにこの銘文を吏読で新しく解読をしながらそこに見出される五世紀韓日古代史の一端を調べて見ることにした。

Ⅰ　銘文に対する通説

古代韓日歴史には多くの謎がある。この鉄剣銘文は資料が不足な五世紀時代歴史を明かすに貴重な資料であるので多くの学者の研究の対象であった。通説による釈文は次の通りである：

前面

一. 辛亥年七月中記乎獲居臣(巨?)上祖名意富比垝

二. 其児多加利足尼其児名弖(互?)已加利獲居

三. 其児名多加披次獲居其児名多沙鬼獲居

四. 其児名半弖(互?)比

後面

五. 其児名加差披余其児名乎獲居臣(巨?)世世為杖刀人

六. 首奉事来至今

七. 獲加多支鹵大王寺在斯鬼

八. 宮時吾在治天下令作此百練利刀記

九. 吾奉事根原也

銘文の漢字は古典そのままで大部分の漢字は字体が読みとられる。問題はここに出る名称の内容をどの様に正確に、そして歴史的に内容を正しく読み取れるかにあると思う。括弧の中にこれまで誤って読み取れたと考えられる二つの漢字を示した。

通説にある釈文は次のようだ

一．辛亥年（西紀471）七月に記す。

吾はヲワケ臣である

二．その子はタカリスクネで

三．その子はテヨカリワケで

四．その子はハテヒで

五．その子はカサヒヨで

その子はヨワケ臣である

代代杖刀人の首として

六．我が家は王様に仕えて来た

七．ワカタケル大王の官庁が斯鬼官にある時、天下を治める事を助けた。

八．この利刀は百回も練って作ったもので我が

九．仕えた根原を記す。

Ⅱ　通説の諸問題点

この銘文は現代の我々に難題である。その名称の内容を解かすのが肝要である。今までの通説では名称は個人の名であって地名との関わりは無かった。そのために名称の正確な意義を分かる事が出来なかった。

本稿では銘文の名称に地名の関わりを明らかにすることになってそこに込まれている倭と百済の歴史的関わりをまとめて解明した。稲荷山鉄剣銘文の核心でもある名称獲加多支鹵を通説ではワカタケルと読むけれども吏読(Idu、イドゥ)では「ホァッカタケロ」と読み、百済の蓋鹵大王の名称だと主張するのである。

通説ではワカタケルは雄略の和名ワカタケ(幼武)にあてるけれども「ル」がこの名には欠けているのを無視している。また通説では雄略を西紀478年に宋に上表文を送った倭王武に比定するけれどもが中国史書よると倭王は477年、478年宋に、479年には南齊に、502年には梁から倭王の称号を認められた。記録によると倭王武は西紀477年から502年まで倭王に在位したことになる。

通説では倭王武の名称をタケルと訓読にワカタケル雄略に比定する根拠にするけれどもこれも認められない。この名称の比定にあって地理、歴史の関わりを無視したために適切な解釈が出来なかったのだと思う。

通説ではハテヒとカサヒヨに限ってワケなど相続する称号が欠けているので説明するのが難しい。ヨワケの祖先ハテヒとカサヒヨは雄略が東国に遣った豪族ではなくこの人達は当時海を渡って関東平野まで来た百済の貴族の亡命移民ではなかったのかと本稿は反問するのだ。

Ⅲ 吏読で読んでみた新しい解釈

銘文の八祖先の名称に秘 めた歴史は名称の漢字を正しく読み、それに関わる地名を調べる事にした。

通説では銘文の家門の出自と歴史を見出す事がなく適切な国際地政学を度外している。吏読でよんで始めて銘文は豊かな歴史が浮かび上がるのだ。吏読とは韓語を漢字で表現す記法と言える漢字を倭にもたらしたのは百済人であり漢、魏、晉と南朝から彼らは漢字を学んでいる。四、五世紀頃百済人が習った漢字で銘文は書いたので当時の地名をいかに吏読で記したのが鍵である。

例えば銘文の名称にあるタカリ(多加利)とか加差比余のカサ(加差)などは今でも韓語に使っている言葉で頭と新を意味する。こうして見ると漢字の意味でなく音だけを利用してこの言葉は記してある。

一方、ヒコ(比垝)とかオホ(意富)という単語は日本語で男性の名前とか大の意味をもっているが、ここでは漢字の音だけを利用している。

村上とMillerが指摘したように古い百済用語がこの銘文には見えるので吏読はより好都合な研究方法であると思う。例えば銘文のはじめにある七月中の語句で中は‘七月に’という‘に’該当し、この用法は四世紀の銘文に始まる其児という言葉は漢文の用法にはないが、百済の銘文用法には見える。日本書紀神功記に記してある語句'七月中'の中も同じ用法である。継体記7年條に引用している百済本記の人名委意斯移麻岐彌が副穂積臣押山と記して意がオを表しているなど、神功記62年條で百済の人名沙至比埳が襲津彦と書き改めてあるので比埳がヒコを表記にいるのが 分 かる。

欽明6年記にある表記法ミヤケ彌移居の中に居を百済ではケを表す漢字の関わりと見える。この様な例文を通じて吏読の用法を見ると百済の吏読の倭における影響を受けた事が分かる)

特に柳烈は著書"三国時代における吏読研究"の中で古代韓半島内の地名に関する包括的な研究結果を記しているので銘文の地名研究に助かる。柳烈によると蓋鹵も支鹵も同じ大王名称で発音を違う漢字で記したのだと言う。

蓋鹵王は近蓋婁とも呼ばれた。治世、西紀455~475年間の第21代百済の王である。宋と魏など中国王朝に使臣を送っていた。457年には宋に援軍に拒まれたが寧東大将軍の称号が与えられた。475年9月に高句麗長壽王の三万大軍に攻められて王城が包囲された。蓋鹵王は文周を新羅に送って援軍を求めたがすでに王城はおちて王は捕らえられた。王子と王母と共に高句麗の刀に命を落とした。

一方,獲加とは大王を美称する言葉で三国志韓伝には或加と記して同じくホァッカと発音する大王の美称であると思う。九州熊本県玉名市にある江田船山古墳出土大刀にも獲加多支鹵という大王の名称が刻まれているので我々の関心を引く。この古墳からは金銅冠帽や様々な百済製工芸品が発掘されているし、百済の旧領地であった五ヶ所の遺蹟から同じ様な金冠が最近出土しているのでこれは百済の侯王或は領主が大王から授與されたものと考えられる。

その以外に色々な訳で乎獲居も百済の領主あるいは候王であったと考えるのが 妥当であると思う。第五章で述べるように乎獲居の祖先の名称は百済のしきたりに従って領主、又は候王の意味の称号である。獲居と彼らが加羅の国々に冊封された国の名と一緒に記されている。この制度は後に東城王の時代までも引き続いているし中国王朝では周代以来のしきたりである。

事実銘文に記された名称の中には古代加羅の国の名が四ヶ所も一致する。こういう事実は古代韓日の四、五世紀における歴史を究めるに極めて重要であると言わざるを得ない。

Ⅳ 読み直した二字

銘文の名称の文脈を明らかにする前に誤って判読した漢字について調べる事にする。この問題は非常に重要でもある。金錫享が誤字を指摘したのは江田船山古代出土鉄剣にある文字弖に関した問題であった。正しい読み方は弖の代わりに工だと主張している。同じように稲荷山古墳出土鉄剣の弖字も誤っているのではないか孫換一氏に調査を依頼した所稲荷山などの釈文を伏見の書道大字典をなど参考して調べたら弖字でなくて互の字である事が判明した。次いでに臣も巨を誤ったと判読したのが明らかになった。その根拠は弖字の場合刻字をよく見ると二の中間の劃がたがいにからみ合うように刻んでいて互いと読むべきだと言うことだ。臣の場合には刻んである字には点がないことが明らかになった。

この互字を使って名称を読む場合テヒ(弖比)はコヒ(互比)と読むことになる。オミ臣の代わりに巨と読めば 漢文の用法にもなる。五世紀の初期に百済人らが多く倭に渡った理由は西紀 396 年に高句麗の侵入があった戦乱の結果である。この際倭の地に亡命した多沙鬼のすぐ次の世代の半互比や加差披余は遠い異国の地で戦乱の母国と連絡が切れたまま厳しい定着に余念がなかったと見える。

倭の地はその当時多くの小さい国々でわかれていて統一した王権はなかった時代であったという。こうした地政学的状況のもとで乎獲居と先祖達の定着生活と戦乱后の百済の政情を考えたらどうして半互比と加差披余は獲居に冊封できなかった理由が明らかになる。そうしてようやく乎獲居の世代になった母国百済の大王からこの倭の地の乎の地に獲居として彼は冊封されたのと思う。

乎獲居の祖先たちの年表と三國史記や日本書紀に記している歴史事実が一致するのは偶然ではないのである。

V　銘文に刻まれた名前の解読

この銘文には鉄剣を造った人の名前だけではなく、その先祖七人の名前と共に彼らが相續いで仕えたという大王の名前が書かれている。

これらの名前は彼らのそれぞれの領地の地名を引いたものとみられ、その出所になる地名を調べることによりその名前に含まれた歴史を知ることができると考えられる。百済の王である溫祚という名前は百済の国名と関連があることはよく知られている。最初に銘文のはじめにある'意富比垝'(おおひこ)を調べてみよう。日本書紀では意富を'おほ'(以下括弧または' 'の中のひらがなの表記は日本語の読み方である。〈筆者〉)と読んで大きいという意味をもっている表しているという。実際、大伽倻を意富伽倻と書き‘おおがや’と読むが、百濟 伽倻の言語で‘おお’は大きいという意味をもたされたと推察できる。そして次の二文字比垝はその元の言語が北方アルタイ語で領主あるいは侯王の意をもつことば‘ベック’(BECK)と関連があるのではないかと考えられる。高句麗の王のなかには伯固(韓国語の読みではベッコ－以下括弧または‘ ’の中のカタカナの表記は韓国式の読み方である。〈筆者〉)という名前があり、比垝という言葉の発音と似ていることは偶然ではなさそうであり、更に調べる必要がある。

『日本書紀』には比垝が‘ひこ’と記され、また百済では‘ヒコ’が貴人という意をもった言葉であったが、それが倭国に渡りそのまま貴人という意の‘彦’という言葉になったと推察される。

従って‘意富比垝’は大いなる貴人という意の‘おおひこ’と解釈し読むのが正しいであろう。

次に調べる名前は漢字で‘多加利足尼’(タガリゾックニ)である。『韓国語語源辞典』によると‘대가리’(テガリ)は現在では頭の卑語で用いられているが、元々は卑語ではなかったという。‘テガリ’の‘대’(テ)と‘가리’(カリ)は両方とも頭を表わす言葉でこれらが合成語になったという。韓国で赤ん坊をあやす時‘도리도리’(トリトリ)(赤ん坊にお頭を振らせる時の表す言葉)と言いながら頭を横に振らせるが、その語源‘돌’(トル)は頭を意味し、‘돌’(トル)が縮まって‘대’(テ)になったという。‘가리’(カリ)は‘골’(コル－骨髄の意味の韓国語)と通じ、いわば‘골’(コル)は脳であり、また頭と通じる。‘대가리’(テガリ)と‘多加利’(タガリ)は同じ言葉であろう。こういうことから‘多加利’は金首露王の首露と等しく頭の意と解釈することができる。

一方、‘足尼’(ゾックニ)は本来‘テキン’という北方アルタイ語から出た言葉で、王を指しているこの言葉が百済または伽倻では‘スクネ’に変わったのであろう。金首露王を迎えに来た村長達を刀干と呼ばれている。すなわち‘足尼’は百済語あるいは伽倻語 刀干の違った吏読表記であろう。そして最終的に倭国の記録である『日本書紀』では‘すくね’に定着されたと推定される。従って‘多加利足尼’は頭である王公という百済語の吏読表記といえるのである。

第三に、‘互巳加利獲居’(ホイガリフェッコ)という名前で‘獲居’とは村山並びにMillerによると‘わけ’と読むべきであり、諸侯を意味するアルタイ語あるいは百済語から出た言葉であるという。彼らが論文で明らかにしたようにこの剣に刻まれた文字のなかには百済がその根であることを表わす言葉と文字がいくつかある。これについては次に考察するが、大王の意味をもつ獲加(フェッカ)または或加(ホッカ)と比べ、獲居は王侯または領主を表わす言葉と考えられる。一方、‘互巳加利獲居’の最初の二文字は中古音を参考すると‘互巳’(ゴイ)になり、柳烈が主張する‘多巳’(タイ)を‘タリ’に音読みしたという例によると‘互巳’(ゴイ)は‘こり’の吏読の表記になる。従ってこの名前は‘互巳加利獲居’(こりがりわけ)になるのである。柳烈によると‘カリ’と‘カラ’は同じ言葉である。そして‘コリガラ’は古寧伽倻を指す地域または国の名なのである。すなわちこの名は古寧伽倻を治めていた領主を指す言葉といえよう。

第四に‘多加披次(タガピチャ)獲居’を考察してみよう。江華島の昔の名が‘甲比古次’(カビコシ)であるがここではコシは吏読で古次(コチャ)で表記した例に倣うとし、一方、‘披次’(ピチャ)は‘披次’(ピシ)あるいは‘披次’(ヒシ)になり、この‘披次’(ビシ)は現在昌寧を示す国の名である。一方多加は三国史記によるとその記録が欠けているが中国文献には‘卓’と記されており、日本書紀には喙(とく)と喙己呑(ときたん)と記されている。‘たん’は谷と通じるので‘とき’が地名であるが

'たか'と通じているを見る。そしてこれらが示す国は昌寧から南の方へ13キロメートルほど離れている霊山であることが判ったのである。二千年も経った古い蘇塗という祭祀跡が今も残っていることとその附近には古墳が多く造られていることからも推測できるのである。

故に'多加披次'とは'タカビシ'と読み靈山と昌寧地方を併せて統治した領主の名前である。

第五の名である'多沙鬼(タサグィ)獲居'を調べてみる。ここでの'タサ'は暖かいまたは東の方を意味し、'多沙城'(タサギ)は河東を示す言葉であることが明らかになっている。ここで'鬼(クィ)'は城を表わす'城(キ)'と通じるものとみているのである。この河東は蟾津江の入り口に位置しており、またそこにある河口は倭国へ向う船に乗るのに便利な所でもあった。結論的に'多沙鬼(タサグィ)獲居'は河東地方を治めていた領主を指しているとみなされる。

第六の名は'半互比'(バンホビ)である。ここでは'獲居'はない。つまり領主ではないのである。吏読の表記により'沙伴'(サバン)を'沙伴'(サバラ)と読み、'半'(バン)は'半'(バラ)と読むという柳烈の説に従い、又'互比'は(コビ)と読むのなら、この名は'半互比'(バラコビ)を表しているとみるべきである。この名にみられる地名はおそらく倭国で探すべきであるが、今までのところは明らかではない。'互比'(コビ)が'カビ'と通じるとみるならこの言葉は'川'(かわ)になる。そして'バ'が'ワ'と変わったとしたら'荒川'になり東京湾に流れる川の辺りだと推測する。

第七の名は'加差披余'(カチャピヨ)である。最初の二文字は'加差'(カサ)に読み替えられ吏読でみると、これは'新しい'という意味をもっている。漢字'夫餘'(ブヨ)が'夫里'(ブリ)と読み替えられ、漢字'披余'(ピヨ)は'披余'(ビリ)または'披余'(ブリ)と読める。

こうしてみるとこの名は'加次披余'(カサビリ)になり、新しい郷という意味をもつことになる。実際に'笠原'(かさはら)という村の名前が稲荷山古墳の近くにあるということはとても重要なことを示唆する。この名にも領主を指す'獲居'という文字はない。当時彼は任命された領主ではなく、その地を占領していた武将だったのである。

第八の名前で剣を造った'乎獲居'(ホフェッコ)を調べてみる。'獲居'という称号が更に名に附け加えられており、これはこの地方の領主に任命されたことを表していると見られる。この名前乎(コ)も又地名で行田の頭字と音が通じる。田は地と通じるし稲荷山古墳がある地名である。『三国志』の魏書「馬韓伝」に見られる領主の中でも頭に当たる獲加'の名前に優呼(ウコ)がある。

第九の名前'獲加多支鹵大王'の名前について調べることにする。ここではまず'獲加'(フェッカ)に注目してみよう。『三国志』の魏書「韓伝」をみると馬韓の領主の名前が列挙されており、その頭として'或加'(ホッカ)という言葉がある。この'或加'(ホッカ)と'獲加'(フェッカ)はその中古音がほぼ同じで、馬韓あるいは百済の言葉を書いた二つの違った吏読の表記としてみることができる。'獲加'を大王に対応する馬韓あるいは百済の言葉としてみると、'獲加'(フェッカ)つまり大王に仕えた'獲居'(フェッコ)はその封地の領主になる言葉とみなされる。

次にある『魏書韓伝』の引用文の中で目支国には馬韓の都があって優呼の呼称が普通の領主である臣智ではない或加と呼ばれたことに注目する。

'獲加'(フェッカ)と'獲居'(フェッコ)は'加'(カ)と'居'(コ)の違いしかないが、これと同じく王と王妃を表わす百済語の'於羅暇'(アラガ:王)と'於陸'(アリゴ:王妃)から見られる'カ'と'コ'の一文字のみの違いは偶然でなさそうである。

『三国史記』を見ると、‘蓋鹵’(ケロ)大王のもう一つの名前は、‘近蓋婁’(クンケル)であると記されている。ここで漢字‘近’(クン)は、‘クダ’(韓国語で大きいという意味をもつ言葉の、‘クン’(クダの名詞を修飾するときの形)を表しているなら、‘多支鹵’(タキロ)では、‘多’(タ)は、‘大’(テ)と通じ、またこれは、‘大きい’という意味の、‘カナ’(韓国語で大きいという意味)を表しているとみるべきものである。一方、‘支鹵’(キロ)と、‘蓋婁’(カル)は両方とも、‘蓋鹵’(ケロ)の違った表記として考えられる。

故にこの名前は、‘獲加’である大いなる王の蓋鹵大王を指す吏読の表記であり、獲加多支鹵大王を記したものとみなされる。

以上によって、‘乎獲居’の先祖七人の名前と彼らが等しく仕えた大王は百済の大王であることが推察される。

最後に大王がいたという、‘斯鬼宮’を調べてみよう。『三国史記』には蓋鹵大王二十一年の時蛇城(サソン)の東の方から崇山の北の方まで堤防を築いたと記されている。百済の言葉で城を(キ)と言ったので蛇城(サソン)はすなわち斯鬼(サギ)の吏読の表記とみなされる。したがって、斯鬼宮とは百済の首都にあった蛇城(サソン)、すなわち斯鬼(サギ)のあたりに建てられた宮を指しているものとみられるのである。

さて、これらを記した銘文の解読は次のようである。

‘辛亥年七月に記す。乎獲居の大先祖の名前は意富比垝(オオビコ)であり、其の息子の名前は多加利足尼(タガリゾックニ)であり、其の息子の名前は互已加利獲居(コリガリファッコ)であり、其の息子の名前は多加披次獲居(タガビシファッコ)であり、其の息子の名前は多沙鬼獲居(タサギファッコ)であり、其の息子の名前は半互比(バラコビ)である。其の息子の名前は加差披余(カサビリ)であり、其の息子の名前は乎獲居(コフェッコ)である。代々武人の首領として大王に仕えて今に至った。獲加多支鹵

(ファッカタギロ)大王の官庁が斯鬼(サギ)宮にいる時、天下の統治を助けた。この剣を百回鍛えてよく利く剣を造らせ、我々が仕えた根原を記す。

Ⅵ　銘文の歴史的意義

この銘文によると乎獲居の先祖達は八代にわたって一様に獲加多支鹵(ファッカタギロ)大王の国に仕えた武将であったとする。ここで'獲加'とは王侯あるいは領主である'獲居'を従えた大王の呼称を指すことが分かった。『三国志』の「韓伝」では'獲加'の代りに'或加'(ホッか)という言葉があり、これは領主を統治する頭という美称だと推察される。

この八代の名前が封地を指しているとすれば最初の二人の中で最初の名前は一番上の貴人、或は頭になる貴人を意味することとなる。また、その次の三代目には'獲居'という領主あるいは王侯という称号が付け加えられており、このことは長い間武人として軍事活動をしていて封地に赴任する状況を指示している。ところで、彼らの地域は古寧伽倻(コリガラ)は今の咸昌地方、'多加披次'は靈山と昌寧地方、そして多沙城は河東地方と推察されるがこれらは四世紀半ば頃百済が平定させた洛東江の中流地方にあった七つの国の地方と一致するのである。

蓋鹵王に仕えたという文章を見ると剣を造った時は西紀 471 年であることがわかる。

これからはその八代の統治期を調べてみることにする。一人の世代をだいたい二十五年であったと考えると彼らの統治期は次のようである。

(図表 1. 乎獲居の先祖の年代)

意富比垝（オホビコ）	西紀 295
多加利足尼（タガリゾックニ）	西紀 320
互已加利獲居（コリガリファッコ）	西紀 345
多加披次獲居（タガビシファッコ）	西紀 370
多沙鬼獲居（タサギファッコ）	西紀 395
半互比(バラコビ)	西紀 420
加差披余(カサビリ)	西紀 445
乎獲居(コファッコ)	西紀 471

ここでまず目につくものは彼らが，多沙鬼獲居，(タサギファッコ)の時期までは百済が支配する地域に住んでいて、その後は韓半島から倭国に亡命移住したということである。そのなかでも古寧加羅(コリガラ)は現在慶尚道の咸昌地方を、，多加披次，は靈山と昌寧地方を示している。特に，多沙鬼，(タサギ)は河東地方を示すと見なされるのである。

『三国史記』によると、西紀 250 年頃に尚州地方を新羅が百済から奪い取ったと記されている。故に，互巳加利獲居，(コリガリファッコ)時代である西紀 300 年頃にはその地を再び百済が占領したことになる。

実際『三国史記』によると、慶尚北道の一帯で新羅と百済両国はたびたび戦闘を行っていた。西紀 189 年母山城(鎮川)をはじめ 191 年には圓山城(醴泉)で戦い、267 年には烽山城で、そして 273 年には槐谷城で戦った。その後にも新羅の西方を百済が侵入したという記録があるが、西紀 367 年になると百済が来聘、369 年には馬二匹を送り親交を結んだものとされている。

このことから、三世紀には百済と新羅が慶北地方で戦闘していて、この百済軍の先鋒には，乎獲居，(コファッコ)の先祖達が百済の将帥として戦ったのではないかと考えられる。，意富比垝，(オホビコ)や，多加利足尼，(タガリゾックニ)がその時まで，獲居，に冊封されていなかった理由もこういう状況のせいであろう。

西紀 372 年、百済はその支配の下にあった加羅と援軍として来た倭軍と共に南江一帯の小さい七つの加羅国を占領し、多沙城(タサギ)の外に四ヶ国も百済に服属することになる。多加や，披次，(ビシ)や多沙城(タサギ)はその頃 百済に支配され、この戦闘に参加したと思われる，乎獲居，の先祖達が四世紀の後半に多加と，披次，(ビシ)や多沙城(タサギ)の侯王に冊封されたことが分かる。

図表1の年代表からみると、'多沙鬼獲居'(タサギファッコ)が河東地方にいた時期は大体西紀395年になる。ところで西紀396年に広開土王は熊津すなわち公州を含めた数十個の百済の城を攻略する。そして'多沙鬼獲居'(タサギワケ)は、'多沙城'すなわち河東から倭国に渡り、バラコビは亡命して来た新しい定着地だと推察される'半互比'(バラコビ)や'加差披余'(カサビリ)はその時までは'獲居'に冊封されてはいなかったのであろう。

倭に渡った後、新しい領土を構えた後三代目になってようやく'乎獲居'はそこの地である乎に領主として冊封されたのであろう。

その時が他でもなく大いなる蓋鹵大王の治世であったと鉄剣は示しているのである。

Ⅶ 名称は乎獲居一族が百済に仕えたしるし

銘文の名称すなわち互已加利、多加披次、多沙鬼、などと三国史記の古代地名及び国名が吏読で読むとき一致するのを見た。互已加利は古寧加羅であるし多加は卓ないし啄の国名と一致し、披次は比自炑、比斯伐と一致して多沙鬼韓多沙とか多沙津と一致する。このような国名は日本書紀神功369年條に見える。加羅七国平定に見える国名とも一致するのである。韓半島内の加羅の国を治めていたこの獲居たちが仕えたのは地政学状況から百済の大王であった。そしてこの大王は雄略でなく百済の蓋鹵だったのだ。

乎獲居の乎(コ)が行田の行(コ)の音と通じる。そして応神天皇の和名ホムタワケ(誉田別、日本書紀：品陀和気、古事記)を見るとワケが獲居に通じるし、ホムタのホムはコムと通じるので熊となり熊津に通じる。乎獲居の場合その先祖は世代ごとに領地が代って相続していない。

ホムタワケの場合その大倭はワカタケ雄略に連綿と相続されているのでこのしきたりは百済と違う。この見方でもワカタケは百済の獲加にはなりきれない。

最後の乎獲居が百済の大王に仕えた考古学論拠を調べることにする。まず最近に百済の一遺蹟から発掘された七世紀初期の木簡に書いた鹵の字体が稲荷山古墳と江田船山古墳の鉄剣銘に刻んだ鹵の字体が全て一致することである。この三つの遠い地方に見える字体の一致はこの字の書き手が同じ筆法を学んでいてそれは百済の漢城であるという事である。

乎獲居の出自が百済だという考古学論拠は行田あたりの百済木遺蹟から出るはにはの衣裳が百済風であることもその一つだと思う。江田船山古墳から出土した金銅冠'はてっきり百済大王が候王に授けたかんむりで同じ大王銘がある稲荷山鉄剣の主もここにつながると思う。

Ⅷ 結びに

吏読で読んだその銘文には驚くことに 471 年に蓋鹵大王の治世に作られて乎獲居の先祖達はこの大王に仕えた事を伝えていた。領主あるいは候王である。獲居の称号の前には八世代にわたる彼らが治めていた地名及び国名が刻まれていた。この国名は韓半島内の互巳加利、多加披次、多沙鬼であり、倭では乎の国であった。この国々は四世紀后半百済の支配下にあった。

多沙鬼獲居が居た国は全羅道と慶尙道の境界にある蟾津江河口にあった河東は地理上倭に渡るのによかった。この河口の国で船や食糧や武器など簡単に備えて遠い倭の国へと亡命の道に出かけたのだった。

この銘文を吏読で新しく解釈した結果、百済と倭の古い歴史事実が明らかになった。

百済が四世紀後半に洛東江の沿いの七加羅国を平定したついでに全羅道の南端までことごとく馬韓の地域をその支配下に入れた事がわかったし、倭の関東平野に乎獲居一族は五世紀半ばに百済のタムロ(檐魯)を設けたという驚くべき歴史もわかった。そして百済は畿内の河内にも九州の玉名にも五世紀半頃タムロを築いていたのを示唆している。

*韓国学学術誌 (The Review of Korean studies, Vol. 12, no. 4, Dec, 2009) から翻訳した

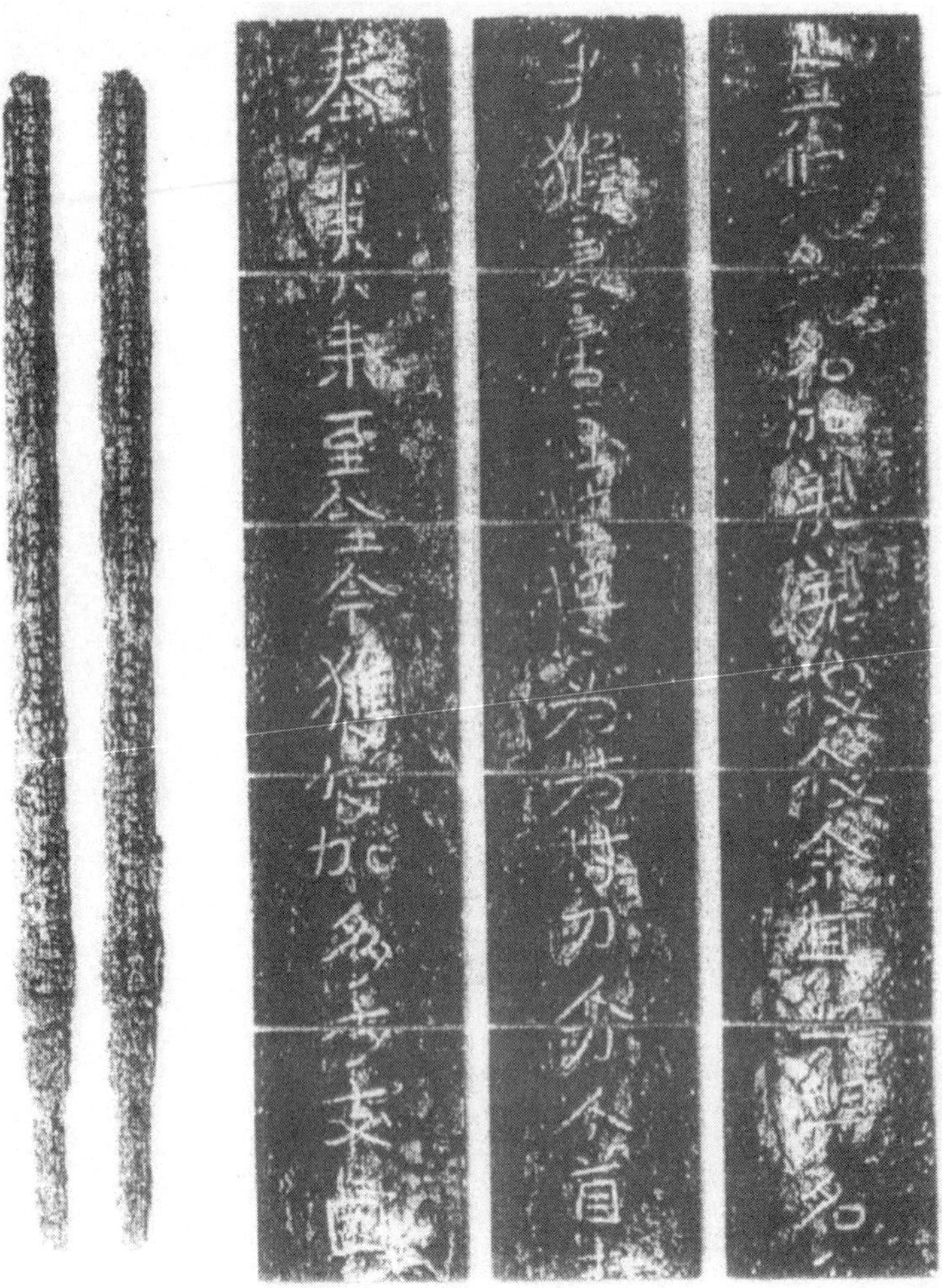

稲荷山古墳出土鐵劍銘

第二章　江田船山古墳出土銀象嵌大刀の銘文を見直す。

九州熊本県玉名郡菊水町にある古墳で発掘された遺物は國家文化財に指定されて現在東京国立博物館に所蔵されている。その一つ、銘文のある辛亥年銘劍が百済の乎獲居の正体を明かしたようにこの大刀の　銘文は百済の右賢王余紀が作ったのを明らかに示す。

読み直した銘文

最近の研究結果によると江田船山古墳出土大刀銘文の中にこれまで弖と読まれた字は工であるし无と読まれた字は旡と読むべきであることも分かった。伏見著書道大字典によれば南斎（479–501）以前には　旡が　旡と書かれている事が明らかになったのである。そしてこの銘文には　旡と書いた文字がはっきり読み取れるのだ。そうすると銘文は次の通りである。

前面：治天下獲？？？　大王世奉事？　曹人名旡利工
　八月中用大鑄　　釜并四尺廷刀
　八十練　十振三才上好？刀

後面：服此刀者長？子孫洋洋
　得三恩也不失所統
　作刀者名伊太？書者張安也

この銘文の解釋 をこころみる。

「天下を治める偉大なる獲加蓋鹵大王に仕えた　典曹人旡利が作った。八月に大きな 鑄釜を用いて四尺の刀にあわせて八十回練り六十回振って作った三才上よいこの刀を服用する者は長壽するし子孫も　繁昌し三恩を得るのである。その統べる所を失われないように。作刀者の名は尹太利で書者は張安なり」

銘文の大王の 称号のなかで三つの字は読み取れないけれども 前後 にある獲と鹵の字が辛亥年銘鐵の称号と一致するのでこの名は獲加多蓋鹵であることには異見がない。ここでも 辛 亥年剣 銘のように獲居を統べる 獲加である偉大な大王を 記すと主張する。

その論議を示す。

辛亥年銘鐵劍の主人公は 杖刀人即ち 武将であったがこの大刀の主人公は余紀と言う百済の王族であったのだ。その根拠は大王が 458 年に宋に送った上表文にある。ここで弟王昆支 を余昆の名で左賢王に任じているし王族余紀を 右賢王に任じているからだ。 昆支を昆と記したように 旡利と音が通じる紀で余紀の公的名を記したと思う。

この銘文の書者は張安で楽浪から百済に帰化した漢人の子孫ではないかと思う。

余紀が右賢王に任じられた

右賢王と 左賢王の軍事制度しきたりは 匈奴に始まる。 漢の北方にあった匈奴王国では大王の直轄地の右にある領地を 右賢王が治め、その左の領地は左賢王が治めている。同じ制度が百済にあったのである。

昆支は西記 455 年以来倭王興として大倭を治めていたので百済から見てその左側にあるから左賢王に任命されているし、九州、菊智一帯は百済の右にあるから余紀 (旡利) は 右賢王に任命された譯である。玉名一帯には百済にゆかりのある菊智城とか 菊智 (タマナはタムロに通じる) と言う地名がある。5 世紀以前このあたりは肥“ こま” と呼ばれた事も意味深い。当時百済を“ こま” とも呼んでいる

豊富な副葬品

江田船山古墳は曲型的百済風の横穴式石室墳である。 家形石棺がある古墳からおびただしい百済風の珍貴な工芸品や武具が発掘された。その一部を調べて見る事にする。

(一)金銅冠帽

百済の大王が候王に下賜した 冠帽は獨特で紛れない 形を持つ。 江田船山古墳で発掘された 冠帽と同型の 遺品が半島ではここ数年８個以上にのぼる。 例えば 全羅道笠店里, 忠清道 水村里, 高興吉豆里等にある古墳からこのような冠帽には飾りを付ける曲がった棒がその后についているのも同じである。 冠帽と一緒に金銅飾履とか銅鏡など百済風の威勢品も出土している。

(二) 金銅飾履

この古墳から出土した金銅飾履を見ればその前面が斜めで先がそる。 側面には亀甲の紋様があって底には九つの鐵鋲があるのも百済のものと同じである。 この飾履は冠帽とセットで出土する例が多い。 それでこの飾履も百済で作った品とみえる。

(三) 銅鏡

畵文帯神獣 鏡がこの古墳から出土しているこの 銅鏡は武寧王陵と大仙陵からも出土しているのでその三つの古墳には歴史の関わりがあると考えられる。 道教の影響で墓の守護神である神霊像を墓の四面に描く高句麗壁畵の四神圖を鏡の四神霊像で代わっているのだと思うこれも百済の王室の墓制に 影響をされた証である。

(四) 其他遺品

工芸品の中で耳飾をみると武寧王陵出土の耳飾とそっくりのものがあるしその外に曲玉、 刀、 馬具、 土器など数多い遺品の豊富さに驚く。

菊智城

百済の王城を見ればそのあたりには 山城を作り、 緊急時に備える仕組みになっている。 古墳群もそのあたりに営んでいる。この傳統 は漢城にも熊津にも扶余でも同じだ。 この伝統が菊智一帯でも見つかる 菊智城は玉名市の近くにある高さ 160m の丘陵に築いた周り 3. 5km の山城である。 深い谷間には石又は土で高 4. 3m の城壁を築いた場所もある。 城壁の内部には建物の礎石の跡が八ヶ所あって百済　瓦の破片も見つかる。それに八角の基壇をもつ 祠堂の跡も二ヶ所あった。この様な祠堂 は百済王城である 漢城の近くにある二聖山城の内にも二ヶ所ある。星の神又は 祖上神を祭った祠堂の名残りだと推測する。二聖山城にはこの外に日の神を祭る九角祠堂跡、月の神を祭る十二角祠堂の跡もある。漢城は西紀 475 年まで百済の王城であって扶余の山城にはこのような祠堂の跡はないのでこの儀式傳統は西紀 538 年以后は百済では廃れている。これをもとに 菊智城は西暦 538 年以前に築いたのではないかと推測する。

菊智城の近くに流れる菊智川のあたりには古墳群が集中している。この古墳の大分は百済風の横穴式石室古墳である。装飾古墳もこのあたりに集中しているので百済の文化の影響ではないかと思う。

結びに

江田船山出土大刀の銘文は 實に驚く歴史が明かされている。そこから出土した大刀には蓋鹵 大王の名が刻まれて 獲加と褒めたてているし彼に仕えた 獲居たる百済の王族余紀の名旡利と見られる。この大王の名は辛亥年銘劍にも記しているのでこの二地は百済の檐路 (タムロ) 即ち、領地であったのだ。

この事実はそこから出土した金制冠帽や飾履などの遺品が確かめる。　蓋鹵　大王が任命した右賢王余紀が治めた領地菊智一帯そして左賢王余昆が治めた 領地河内一帯そして平 獲居がおさめた領地行田一帯は 5 世紀半頃百濟大王の治天下であったのである。

江田船山古墳

熊本県玉名郡菊水町

第三章　蓋鹵大王は元倭王済

西紀478年に宋に送った倭王武の上表文には百済と倭の関わりを明かす重要な端緒が秘めているので学者達の研究の目的になっている。この上表文を綿密に検討して蘇鎮轍は倭王武が蓋鹵大王の子息であって後に倭王武が百済の25代武寧王になったという論文を発表している。

この上表文を見ると倭王武は倭王済の子と中国歴史は書いている。

本稿では蓋鹵を倭王武の父とする蘇の主張が正しいと考えるとすれば、同時に済と武とは父子関係だという通説とは両立する事を究める。解決は簡単だ。蓋鹵大王が若い時倭王済だったのだ。この論拠として三つの事項を調べる。

この上表文の始めにある封国の意義とその中に出る「亡考済」の正しい解釈、そして祖釧と、祖須、加須利君等の名前が示唆する歴史だ。

封国

倭王武の上表文には封国という言葉が始めに出る。封国とは百済の檐魯であるわけではなかろうか。すぐ続いている祖禰を通常には祖先の意味に取っているが本稿でも祖先である禰と考える。そして百済熊津の獲居だった真禰だと論証する。百済王室の外戚で最も強大な豪族だった。

396年、高句麗の広開土王が侵攻して来たとき熊津にあった固麻の檐魯主即ち獲居（ワケ）だった彼は南に走って河東浦口を経て河東の多沙鬼獲居と共に倭の地に向かったのだ。河東にはその頃加耶七国平定の結果稲荷山出土銘文鉄剣にその称号がある多沙鬼獲居即ち領主だったので一緒に倭の地に渡ったのだ。当時彼等は亡命客だったのだ。けれども戦争に鍛えあげられたこの百済の武将達は最新武器と騎馬による戦争にあけくれた百戦の武将達だったので征服者の道をたとる。河東の蟾津江川口のあたりにある「ぐんばるみ」と言う所の人達は1600年も過ぎた今でも広開土大王の大軍がここに集結して倭国征服に向かったと伝えている。実は真禰と多沙鬼獲居等の軍だったのではなかろうか。

真禰（応神）は大阪湾の河内に王国を立てたが多沙鬼ワケは東京湾の荒川まで行きその子孫は現埼玉県に百済の檐魯を立てるに至る。半互比、加差披余の二代後にようやく乎獲居の時代に百済によって獲居に任命されたのだ。こういう事実を辛亥年稲荷山鉄剣の銘文は語っているのだ。

真禰は多沙鬼 獲居よりも一段と高い身分の獲居だったが百済の獲居には違いない。この獲居が倭国に渡って領地を占めて支配しているので百済の檐魯と言わざるを得ない。それこそ百濟の王孫である倭王武は478年の上表文で「封国」即ち百済が冊封した国だと記しているのではないかとも思う。倭王武の父が蓋鹵大王である故に百済が大王国、倭は候王国である。この関係は倭王武の祖父毗有大王の時代その子蓋鹵は倭王済だったのでこの大王国と候王国の関係は続いたのだ。

けれども上表文の封国とは中国の皇帝に対する呼称であるべきだ。

その封国ととらえられる百済とは懸け離れて独立の王国として中国に対しているのだ。何故なのか？中国の冊封を渇望しているのだ。それは外ならぬ内部事情によると思う。建国以来大小土着勢力に取り巻かれて政情が不安だったのだ。中国の威勢を後光にしようとしたのだ。

この新生倭国の王たちは勝れた騎馬戦斗になれた百済の武将であるけれども本国百済は高句麗の侵入以来弱化しており遠くあって頼られない。そして自救策として万難をおかしてはるばる中国まで冊封という威勢を得るために朝貢に出かけたのだ。中国に使節を遣った倭王五人の中で始めの倭王の名は讃と記されている。その弟は珍で438年に宋に使者を出している。そして自ら使自節都督として倭とのみならず百済、新羅、任那、秦韓、慕韓など六国の諸軍事をあずかり安東大将軍なる倭王の呼称を求めた。しかしこのたびは安東将軍倭国王という呼称しかもらえなかった。そして倭隋等13人は平西、征虜、冠軍、輔国将軍の呼称に任官された。百済を含めて現在又は歴史上南韓半島に存在したすべての国の支配権を認めてくれたと言うのだった。それは中国の威勢を借りて自己の王権を強めようとしたのだと考えられる。百済は當時強大な高句麗の圧迫下にいるし、その前途も計り得ない政情もあるのでその縁故権はこの際に認めてもらうとしたのだとも考えられる。13人の豪族に将軍号を得たのは倭王の権位を強めるに役立ったに違いない。こういう使節は百済の船便を利用したと考えられるので百済の王室ではこの上表文の内容を遂には知るようになったに違いない。そして当時の百済王毗有王は激忿したと考えられる。それがきっかけになって倭王は真氏から余氏なる毗有の子済にかわった一つの要因だと考える。

443年頃、興味深いことに倭王済と共に倭王興も百済を除いた南韓六国の支配権を主張して中国の認定を求めていることだ。

それは彼らが百済の王室と一体だと認識したからではないか。三国志、三国史記、日本書紀や稲荷山古墳銘文鉄剣にあるようにこの六国は百済と密接な関係があった当時倭王権が支配した河内や大和一帯で発掘される数多い百済遺品はこの事情を明らかにしている。

亡考済

倭王済が443年に宋に使節を送っていて451年には安東大将軍の呼称をもらっている。462年には済の世子興が使いを出し478年には倭王武が使いを出している。

ここでは倭王武の上表文に記している亡考済という文句を調べる。亡考済は通常亡くなった父を指すからこの文句は亡くなった父である済と解釈するに無理がない。

中国の宋書にも済は武の父だと書いている。そしてこの上表文の中で 済が武の父であるし、 武の父は蓋鹵王でもあると解釈できる。この二つの父は同じ父でなければならないとするのが本稿の主張である。

そして三国史記による蓋鹵の在位時期は455年から475年である宋書による倭王済の在位期間は438年以後から451年前後までこの二つの時期は重ならない。

そして倭王済が百済に来て蓋鹵大王になった二つの端緒を述べる。

其の一つは日本書紀に蓋鹵大王を加須利君（かすりのきし）と記したことだ。君（きし）とは大王の封国の子弟をあがめて呼ぶ呼称なのだ。 毗有大王の王子であった関係をこの呼称は意味するのと考えられる。そしてかすりという百済名が記録に残ったのは彼が日本で長く暮らしていてそれが日本書紀の編纂の頃まで伝えられたのだと思う。 倭国で七年間暮らした腆支王の場合彼の名は「とき」であると日本書紀には記していて腆支王とはその吏讀表記なのだ。蓋鹵王の弟昆支王も「こにき」きしだったし昆支王の次子である東城王も「また」末多であるし武寧王も「しま」嶋と記されてある例から推してこういう百済の名が日本書紀に載っている王たちは倭の国に長い間暮らしたためだと考えられるのである。

一つの端緒は461年に臨月の蓋鹵王妃が倭国に渡ったことだ。どうしてこういう危険なる海外への旅をしたのか?急に緊迫な事情があったに違いない。王妃の親が倭国に住んでいて臨終が近づいているたよりを聞いた王妃はせめて最後に一度お目にかかりたいという念願があったのではないか。こういう場合王子を九州の島で生んだので百済に戻ったとは考えられない。蓋鹵大王が倭王済の時倭国でめとった王妃で彼女の両親は倭国に住んでいた可能性もある。又は高句麗の圧迫を常に受けている蓋鹵はせめてひとりの王子でも倭国で安全に育むことを願って満朔の王妃を倭国に送ったかもしれない。特に458年の蓋鹵王の上表文には昆支王は左賢王に任命されていて百済の直割地外域の左側にあたる領土即ち河内の国で獲居として任命していると考えられる。その王がどうして百済に461年頃訪問していたのかはわからない。451年と460年の間不明の時期に倭国は済が死んで世子興が使いを遣わしている。そして460年と462年にも宋に使を出して462年には倭王世子興が安東将軍・倭国王として除授される。済が百済に来て大王になった後倭王の王位を相続したのは弟の昆であるはずだが世子興として使いを遣わしたのはまた実際には済が生きており弟を世子にする便法を使ったのだと考える。

こうして見ると 三國史記 には 西紀 455年に 蓋鹵大王 が 即位して いるので この 年に弟昆支が 倭王を 嗣いだと思う。蓋鹵王が倭王済であった証拠の一つは443年死んだ倭王珍と新たに倭王になった済の親族関係が中国史書に書いていない事だ。倭王珍は真氏である真禰（即ち応神）の子孫であるのに倭王済は後に百済毗有王の后を嗣いで蓋鹵大王となり余氏系である事は事実だ。倭の王権相続に異変があったのだ。

祖釗と祖須

蓋鹵王は472年に北魏に上表文を送っている。その始めに高句麗と百済は同じ根源をもっていると述べた。この二国は東明聖王を祖先神として祠ったと三国史記は述べている、

東扶余の金蛙王のもとで水の神河伯の娘が天の日光をあびて産んだ卵から朱蒙は生まれた。大きくなった弓をよく射る強者になった。王子たちは彼を恐れたので彼らの謀陥をさけ逃げて卒本に入って高句麗を立てたと言う。世紀前37年の事だ。ここでめとった第二婦人から沸流と温祚の兄弟が生まれた。父王なる朱蒙の初めの王妃が王子をつれて扶余から来たので沸流と温祚の兄弟は母と一緒に南下して弥鄒忽と慰礼に各々国を立て百済となった。世紀前18年の事だ。そして始めにはこの二国の開国神話でも見るとおり彼らの祖先は天の気を共に受け取った天孫族だった。そして間柄がよかった。そして二国が敵対し始めた経緯を三国史記はこう述べている。高句麗の祖釗即ち祖先である故国原王が善隣をやぶって釗が国に侵入して来たので祖須即ち祖先なる近貴須王はただちに兵を動かし雷光のごとく敵を打ち破った。この戦で故国原王は戦死した。これが二国の敵対の始まりだとしている。世紀313年には高句麗の侵攻のもとに楽浪は遼東に退くそのあとを追って来た高句麗と百済とはその時から交戦が始まるのだ。すでに345年には百済軍が遼西まで行って高句麗と戦っているのだ。371年の祖釗の侵入に対して百済の近肖古王と王子近貴須が三万の大軍を率いて平壌で戦って大勝した記事が三国史記に記している。369年には伽倻七国平定と全羅道全部も支配して馬韓を完全に治めた百済は意気揚揚だった。

けれども強大なる高句麗は英主広開土王の時代にその彊土は最大になり西紀 396 年には遂に水陸作戦で百済の城58個余りと700余りの村落を攻め取り10人の大臣や数千の捕虜を連れて行った。

こういう敵対関係の始末を説明しながら471年の蓋鹵の上表文はこういう高句麗を討つために魏の援軍を求めた内容を持つ。そして遂に475年には長寿王が攻めてきて蓋鹵王と共に太子と太王母が弑害される。

この蓋鹵の上表文と倭王武の上表文と比べるとそこに流れる高句麗に対する敵慨心と復讐心が似通っていると見える。

何故に遠い倭国にあった倭王武が父王済即ち蓋鹵大王の高句麗復讐をそれほど渇望したかわかってくるのである。

結びに

世紀478年に倭王武が宋に送った上表文には驚くべき歴史の事実が秘められていた。何と倭王武の父王が倭王済でも蓋鹵大王でもあったのだ。倭の地で**毗有の子と生まれた**加須利君が443年頃倭王済になり455年には百済の蓋鹵大王になったのだ。その前の倭王たちは武の親族でなかったのだ。世紀455年に弟昆支王が倭王興になり百済の左賢王に任命されて大倭は百済の檐魯又は淡路（タムロ）であったわけである。478年の上表文で百万の大軍をもって父王を弑害した高句麗を討とうとして宋の援助を**乞うたわけは**大倭の王室と百済の王室は親族であったからだ。**この以降倭王室と百済の王室は百済が滅亡する世紀660年までその絆は続いたのだ。**

將軍號詔並聽二十年倭國王濟遣使奉獻復以爲安
東將軍倭國王二十八年加使持節都督倭新羅任那
加羅秦韓慕韓六國諸軍事安東將軍如故并除所上
二十三人軍郡濟死世子興遣使貢獻世祖大明六年
詔曰倭王世子興奕世載忠作藩外海稟化寧境恭修
貢職新嗣邊業宜授爵號可安東將軍倭國王興死弟
武立自稱使持節都督倭百濟新羅任那加羅秦韓慕
韓七國諸軍事安東大將軍倭國王順帝昇明二年遣
使上表曰封國偏遠作藩于外自昔祖禰躬擐甲冑跋
涉山川不遑寧處東征毛人五十五國西服衆夷六十

六國渡平海北九十五國王道融泰廓土遐畿累葉朝
宗不愆于歲臣雖下愚忝胤先緒驅率所統歸崇天極
道逕百濟裝治船舫而句驪無道圖欲見吞掠抄邊隷
虔劉不已每致稽滯以失良風雖曰進路或通或不臣
亡考濟實忿寇讎壅塞天路控弦百萬義聲感激方欲
大舉奄喪父兄使垂成之功不獲一簣居在諒闇不動
兵甲是以偃息未捷至今欲練甲治兵申父兄之志義
士虎賁文武効功白刃交前亦所不顧若以帝德覆載
摧此彊敵克靖方難無替前功竊自假開府儀同三司
其餘咸假授以勸忠節詔除武使持節都督倭新羅任

那加羅秦韓慕韓六國諸軍事安東大將軍倭王
荊雍州蠻槃瓠之後也分建種落布在諸郡縣荊州置
南蠻雍州置寧蠻校尉以領之世祖初罷南蠻併大府
而寧蠻如故蠻民順附者一戶輸穀數斛其餘無雜調
而宋民賦役嚴苦貧者不復堪命多逃亡入蠻蠻無徭
役彊者又不供官稅結黨連羣動有數百千人州郡力
弱則起爲盜賊種類稍多戶口不可知也所在多深險
居武陵者有雄溪樠溪辰溪酉溪舞溪謂之五溪蠻而
宜都天門巴東建平江北諸郡蠻所居皆深山重阻人
跡罕至焉前世以來屢爲民患少帝景平二年宜都蠻

帥石寧等一百二十三人詣闕上獻太祖元嘉六年建
平蠻張雍之等五十人七年宜都蠻田生等一百一十
三人並詣闕獻見其後沔中蠻大動行旅殆絕天門漊
中令宗僑之徭賦過重蠻不堪命十八年蠻田向求等
爲寇破漊中虜略百姓荊州刺史衡陽王義季遣行參
軍曹孫念討破之獲生口五百餘人免僑之官二十四
年南郡臨沮當陽蠻反縛臨沮令傅僧驥荊州刺史南
譙王義宣遣中兵參軍王諶討破之先是雍州刺史劉
道產善撫諸蠻前後不附官者莫不順服皆引出平土
多緣沔爲居及道產亡蠻又反叛及世祖出爲雍州羣

第四章　倭王興は蓋鹵大王の弟昆支王で雄略天皇

日本書紀には数多い謎 がある。その一つ、倭王興は誰か、その答えは韓中日三国の歴史書に秘めていた。そして考古学はそれを確かめてくれる。蓋鹵大王は元倭王済でその弟王昆支が外ならない倭王興であった。倭王興は倭王済を嗣いで西紀４５５年から４７７年まで２２年間大倭を治めた。そして日本書紀は同時代に雄略天皇が２２年間大倭を治めたと明記している。この二人は同一人物なのだ。

昆支王は蓋鹵大王の弟

三国史記には文周王が蓋鹵王の子で昆支王は文周王の弟だと書いている。そして昆支王の子が東城王でこの次子が武寧王だと記す。又一書には文周王は蓋鹵王の母弟だとも書いていると記す。

然し昆支王が文周王の弟であれば王朝の第二人者たるべき文周王の代わりに昆支王が左賢王に成り得ないのだ。

一方、日本書紀には昆支王は蓋鹵王の弟だと４６１年の条に書いている。雄略五年春四月の条を見ると「加須利君は池津媛が焼き殺されたことを人伝てに聞き、謀って、女を貢つで采女とした。しかるに礼に背きわが国の名をおとした。今後女を貢ってはならぬ」と言った。

弟の軍君に告げて「お前は日本に行って天皇に仕えよ」と。軍君は答えて「君の命に背くことは出来ません。願わくは君の婦を賜ってそれから私を遣わして下さい」と言った。加須利君は孕んだ女を軍君に与え「我が孕める婦は臨月になっている。もし途中で出産したらどうか母子同じ船に乗せてどこからでも速めに国に送るように」といった。共に朝に遣わされた。身篭った女は果たして筑紫の各羅島で出産した。そこでこの子を嶋君という。軍君は一つの船に母子をのせて国に送った。これが武寧王である。百済人はこの島を主島という。秋七月軍君は京にはいった。すでに五人の子があった。

この記事で注目すべきことがある。先ず嶋君が斯麻であることが武寧王の墓誌で確かめられるし九州の各羅島で生まれたことになる。

その次の記事即ち母子を国に返ったことはふちにおかない。臨月の王妃が万難を冒して海を渡ったのだ。何か重要な事柄があったに違いない。例えば倭国にあった老父母が臨終に近くせめて一度でも生前にお目にかかりたいと念願したのではないだろうか。こうしたら帰国したとは考えられない。又は高句麗の侵攻が予想されてせめてひとりの子は安全な倭国で育って欲しいと言う考えが蓋鹵王にあったかもしれない。

こうしたら母子が百済に戻ったとは到底考えられない。この倭国とは蓋鹵王自身が若いとき治めた百済の檐魯（タムロ）だったし今も弟の昆支王が倭王興として治めている国ではないか。こういう情況を日本書紀は歪めて伝えている。武寧王の墓誌の生年と名前も日本書紀の記事と一致しているし昆支王が蓋鹵王の弟だと日本書紀ははっきり書いている。

宋書には451年に倭王済を安東大将軍に任じた。その後不明の年に倭王済が死んで世子興が朝貢して来たと記した。460年にも使節が来たとし462年には倭王世子興を安東将軍倭王の称号を与えている。その後いつの年か興が死んで弟の武が七ヶ国の都督として倭国王である除授を求めたと宋書は伝えている。

この節で三つの疑問がおこる。先ず世子という言葉だ。太子とちがい世子とは封国の王権を嗣ぐべき相續權者をさす。世子には王の弟も封じられるので上の文では興が済の弟か子かわからない。そして新選姓氏録には昆支が毗有王の子と記してあるので蓋鹵の弟であることがわかる。蓋鹵の弟が昆支なので昆支が世子興であるかもしれない。

次の疑問は倭王済が亡くなったならどうして新しい倭王と名乗る事なく世子興として使節を送ったのかと言うことだ。事実は前稿に明らかに述べたように倭王済は455年に百済王になるため本国に帰えていてまだ亡くなったのではないのだ。さて倭王興は昆支王であろうか。

昆支という漢字名の由来

日本書紀には倭国に長く暮らした百済王族の名前がよく見える。その一番目の王が腆支である。柳烈によると腆支乃至直支とは「とき」の吏讀表記だと言う。日本書紀にもそう書いている。

彼は七年間倭国に暮らしたので何らかの口伝や文書でその名が伝えられたのだ。397年に河内にその王国を立てた応神のもとに彼は百済の太子の身分で倭国に滞在したのだ。

応神の倭国は百済の檐魯と見做す本論では彼が人質としてではなく使いとして来て長く留っていたと考える。「とき」とは匈奴の賢王と同じく「賢明」という意味をもっている百済の固有言葉でもある。今でも「ときとき」とは賢い若者を示す韓語である。

次に蓋鹵王は「加須利」という名前があったことを日本書紀は伝える。漢字風の名前に書き直す時「加利」を蓋鹵と記し「加須」は慶司と表記したと考える。そして中国の上表文には慶司の慶をとって彼の漢字名にした。蓋鹵王が若いときには倭国の倭王済であったことは前掲文で明らかにした。そして倭王済のあとを倭王興が受け継いだのだ。宋書によると458年昆支は百済の左賢王に任じられている。そして昆支の本名は「こにき」であって昆支はこの吏讀表記なのだ。「き」とは尊称であって「こに」は「偉い」ぐらいの意味をもっている。そしてこの「こ」の音を取って興としたのだと推定する。太王妃を「こにおるく」と呼ぶ百済語の「こに」と昆支の「こに」とは同じ語根の言葉なのだ。

東城王は昆支王の子末多であることは日本書紀と共に三国史記にもそう記している。末多は「また」の吏讀表記でその意味は「かしら（伯）ぐらい」の意味であると考える。百済ではこの東城王の時から漢字風の諡号が使われ始めたという。最後に武寧王になった斯麻の場合は倭王武と名乗るその名前斯麻と武とは何の関わりもないように見える。この場合は斯麻が生まれた各羅から武の名が出たと考える。姜吉云によると客連と言う百済の地名は「こら」の吏讀表記で「光り」とも「武」（たける）の同音異語だという。光州が武珍とも表記されたのがその例である。

以上倭の国で生まれ、長く暮らした百済王族の名が日本書紀に伝えられた場合百済王族は全部倭国で生まれたか長く滞ったことになる。それで「こにき」昆支の場合も倭国生まれだと考えるのだ。そして彼は倭王興だったのだ。

昆支王は百済の左賢王

宋書百済伝458年条りにある蓋鹵王の上表文をみると昆支王以下11人の将軍号を求めている。昆支王である余昆に左賢王として征虜将軍の称号を求めている。そしてこの左賢王の称号に注目する。倭国にある檐魯の獲居であったことを示すのだ。

北方遊牧民族の軍事制度にのっとり百済も左賢王と右賢王を設けて王都の左側の領土は左賢王に任し王都の右側の領土には右賢王が治めるという制度である。こういう左賢王には大王側近の宗親の中で大王の位にも登ることの出来る人を任命するしきたりなのだ。この地位は相続出来ることもあるしできない事もあるという。

半遊牧民族である扶余の出身である百済もこの軍事制度を習っていたのだ。

455年頃倭国には別に軍事記事はなかったし太平な時代だった。この倭国とは当時南大阪一帯の河内とその隣傍の大和あたりの地域をその支配下に治めていたと考えられる。この時期に倭王済は百済の蓋鹵大王になった為その王位は弟の昆支王にゆずり倭王興になったと本稿は主張する。その証拠は昆支王が上表文には余昆の名で左賢王に任じられていたのだからだ。この事実が宋書にそのまま載っているのだ。

昆支の次子末多（また）が東城王になる

当時昆支は蓋鹵大王の弟であり左賢王として倭国にあった。檐魯の獲居即ちそこの倭王であった。日本書紀に書いているように昆支王が461年に百済から倭の京に帰った時京にはすでに昆支の子が五人居たのだ。この昆支の次子が479年に百済に行って大王の王位についた。

日本書紀はこの事をこう記している。

雄略二十三年夏四月の条だ。

「百済の文斤王がなくなった。天皇は昆支王の五人の子の中で二番目の末多王が若いのに聡明なのを見て詔して内裏へ呼ばれた。親しく頭を撫でねんごろに戒めてその国とされた兵器を与えられた筑紫国の兵士五百人を遣わして国へ送り届けられた。これが東城王である。この年百済の貢物は例年よりも勝っていた。筑紫の安致臣・馬飼臣らは船軍を率いて高麗を討った」

この東城王に関して三国史記には「その名が牟大で文周王の弟昆支の子である。大胆で弓を善く射った三斤王がなくなってその後を嗣いた」（４７９年の記事）

その先王文周王３年（４７７年）の条には「その四月に王は昆支を内臣佐平に任命し長子三斤王を太子とした。５月に黒竜が熊津に現れた。７月には内臣佐平昆支がなくなった。」

こうした三国史記の短い内容では疑問が重なる。先ず大王になる資格の左賢王に４５８年に任命されたはずの昆支、４６１年には王妃が共に倭国に向かったはずの昆支がどうして外戚にあたる文周王の内臣佐平に４７７年四月に任じられ七月にはなくなっておりその子がどうして東城王になったか。全くわけがわからなくなるのだ。一方日本書紀の記事にも潤色した跡があるがその内容はもっと詳しい。百済は王が殺される不安な政情にあった。百済の第二の王都熊津に向かう末多には護衛兵士が多いほどよかったにちがいない。この兵士数が５００人で筑紫からきたという。多分熊本の玉名にあった百済の檐魯から来たのだろう。昆支が４７７年になくなったとする三国史記の年代は正しいと思う。４７５年に百済の大王蓋鹵を王子と太后と共に高句麗が斬った事を聞いた倭王興昆支には衝撃が大きかったに違いない。そして間もなくなったのだその年４７７年には１６歳になったはずの斯麻君が倭王興のあとをついで倭王武になるのである。

こうして見ると倭王済は百済の大王蓋鹵になった西紀４５５年に弟昆支王に倭王位を譲り西紀４５８年には弟王を左賢王に任命している。西紀４７９年には昆支王の次子が百済の東城王になっていて昆支王が倭王興である事がわかる。

彼の死后を嗣いだ甥の斯麻が477年に倭王武となって西紀478年には有名な上表文を宋に送っている。本稿で明らかにしたように倭王興は西紀455年から西紀477年まで二十二年間在位した事になる。一方日本書紀による雄略の治世期間は西紀457年から西紀479年まで二十二年間にわたる。この二人の治世期間は偶然の一致だろうか。

倭王興が雄略天皇であった

日本書紀には五倭王の記事はない。しかし色々な関わりを通じて彼等の出自が浮び上がる。

倭王興と雄略天皇の関わりは共に治世期間二十二年の外に意柴沙加又は押坂の地名でも結ばれる。西紀503年に斯麻即ち武寧大王は倭王武の王位をいとこ男弟王即ち継体天皇に譲りながら賜った隅田八幡銅鏡又は人物画像鏡に男弟王が意紫沙加宮に在したと記した。現桜井市の押坂あたりと比定されている。この地名は雄略の母の名忍坂中宮にもあるし、雄略の即位式があった泊瀬朝倉宮は桜井市の脇本あたりであったという。舒明（729~741）の父名忍坂彦人にも舒明の忍坂陵にも記されている事からこの地は約150年間倭の政治中心であったと考えられている。この関わりは継体即ち男弟王は雄略の子で斯麻のいとこである事を示す。百済も倭も王位は宗親の間で相続するしきたりで斯麻/倭王武の子斯我は若い時亡くなったと日本書紀には書いているから斯麻の親族の中で最も近い方は502年頃にはいとこである男弟王であったのである。男弟王が意紫沙加宮に在宮している事は雄略の子であったから可能であったのだ。斯麻のいとこの父は雄略であるし斯麻は昆支王/倭王興の兄王蓋鹵の子である故にこの経緯からも倭王興は雄略である結論にいたるわけでもある。

この結論は考古学でも確かめる事が出来る。まず雄略/倭王興の死亡年度を調べる。雄略の亡年を世紀479年と記した日本書紀の年度は二年くり上げて477年とするべきだ。

雄略/倭王興の后を継いだ倭王武は477年と478年に宋に上表文を送っているから雄略/倭王興は477年に死亡した事になる。南斉と梁の史書に倭王武の除授記事が479年と502年にあるし、倭王武が百済にもどって武寧大王になるのは502年の事で日本の通説である雄略が倭王武でありえない。

大仙陵の筑造時期が5世紀末ないしは6世紀初であるとする考古学界の意見と雄略の死亡年度477年と倭王武の在住が478年から501年にわたる事実はこの大仙陵は雄略/倭王興の陵であるし倭王武が叔父の為に築いた陵であると結論をせざるをえない。

大仙陵から出土してボストン美術館に保管されている環頭大刀や銅鏡も百済製である事もこれを裏付ける。

大仙陵に葬られた王は昆支

大仙陵は大島郡百済村にある。大仙陵の前には百済社と言う神社があってこの社には百済の酒君を祖先神として祭っている。こういうわけで大仙陵には百済の王が葬られた可能性が大きくなる。ここから出て来た遺物を調べた結果、この古墳は大体五世紀末頃に造られたと考えられている。当時は百済の王族が河内の檜🈩を治めたことを本稿は明らかにした。それで五世紀末に倭王だった武は彼の叔父であった先王である倭王興即ち昆支王のお墓を壮大に造ったのだと考える。

現在大仙陵は仁徳陵として発掘が禁止られている。ところが19西紀末に発掘されて多数の遺品が出土し、その遺品の一部がボストンの博物館に保管されている。その遺品の中でも四神獣銅鏡に関心がいく。武寧王陵から出た銅鏡とそっくりだからだ。そこには青龍、白虎、朱雀、玄武の彫刻があって、これら四神獣が死者をあの世で四方の悪鬼から守るという道教の信仰である。百済と河内の古墳から同じ伝統の思想を彫刻した銅鏡が出て来たので同じ思想伝統を反映すると考えるのである。その他にも環頭大刀も共通のものである。こういうことも大仙古墳には百済王族が葬られたと考えたい。百済の檐魯の地にあって百済人の古墳群の中にあるし遺品まで同じ伝統の遺物だとするとこの大仙陵には百済王族が葬られたと考えざるを得ない。そして五世紀末になくなった倭王は興即ち昆支王に外ならない当時の王権が大和にあってはどうしてこんな大きな古墳をその王都から遠い河内に築いたが説明に困るのだ。

昆支の一族飛鳥戸家

九州、宇佐には八幡神宮が古墳の上に立っている。神宮は本来祖先神を祭り祖先の墓を守る為に立てたという。昆支の子孫たちもこの伝統に従って祖先である昆支を祭った飛鳥戸神宮を立てたのである。現在は神主もなく廃れた姿で羽曳野市の一隅に残っている。この一帯には飛鳥戸一族の古墳が多く残っていて今は葡萄畑にかわっている。それでもあちこちに百済風の横穴式石室墳墓が散在する。このおびただしい古墳はこの辺で住みながら五世紀から七世紀にいたる間に栄華を誇った昆支の子孫の面影があった。

この一族は鉢伏山から寺山飛鳥山にいたる傾斜面に多くの百済式古墳群を残した。東には今池古墳群、新池古墳群、上野田古墳群等が散在している。

この飛鳥戸神社は元来神宮であって「延喜式」文献には大きな神宮として記されている。明治維新の時神社と寺を整備する過程で政府の支援を受ける資格のない、神官もおくことの出来ない神社と分類された。以後この神社は頽落の道をたどったと見える。飛鳥山には常林寺という氏寺があったという。

中国史記には倭王興と倭王武は兄弟だと書いている。　倭王興が世子興の名で使いを出しているので倭王興が倭王済の子だと考えたあやまりであろう。

こういう飛鳥戸氏族の繁昌ぶりを見ても昆支王は455年以来477年の間倭王として莫強な王だったのだ。9世紀に著わした新選姓氏録には飛鳥　戸国造が百済毗有王の子昆支王の子孫であると書いている。

蓋鹵王と共に昆支王が毗有王の子であることは倭国で彼らが生まれたことを意味する。毗有王自身が倭国うまれだからだ。その後に出た続日本書紀では飛鳥戸と百済が入りちがって書いている。飛鳥戸が百済と混同されている。飛鳥戸神社が残っている羽曳野市と藤井寺、檀原市一帯は百済と深い関わりがある河内で古代倭の主舞台だったのだ。大仙古墳は日本中最大の古墳であって百舌鳥野古墳群が有るどころでもある。飛鳥戸出身の田辺は史人で文書を司る百済系貴族であった。この家門の一族は代々史人として栄華を誇った。史首氏族と田辺氏族の間柄は外戚であってその子孫たちも河内史部として大きな勢力を保った一族であった。

結びに

百済は北に強敵高句麗をむかえていた。その故だろうか蓋鹵王は百済に来た弟王昆支に満朔の王妃を伴って倭国に帰る事とした。そして九州近くの各羅島で斯麻王は生まれて叔父である昆支王の許ですこやかに育った。遂に叔父王の后を嗣いで577年に倭王武になる。そして502年には百済に来て武寧大王になる事がわかった。倭王興は在住22年で雄略と在王期間が一致する。共に同時代に倭王であったのでふたりは同一人物にならざるを得ない。この事実を文献と考古学資料は裏付ける。意紫沙加は雄略から舒明にいたる150年間あまり倭政治のよりどころであった。そして壮大な大仙陵を昆支/雄略の甥斯麻/倭王武は叔父王の為に築いた。この主張は通説である雄略が武であると言う事と全然違う。記念碑たる大仙陵は東城王、武寧王、継体天皇を育てた昆支/雄略をほめたたえている。

大仙陵

王餘毗復脩貢職以映爵號授之二十七年毗
上書獻方物私假臺使馮野夫西河太守表求
易林式占腰弩太祖竝與之毗死子慶代立世
祖大明元年遣使求除授詔許二年慶遣使上
表曰臣國累葉偏受殊恩文武良輔世蒙朝爵
行冠軍將軍右賢王餘紀等十一人忠勤宜在
顯進伏願垂愍竝聽賜除仍以行冠軍將軍右
賢王餘紀爲冠軍將軍以行征虜將軍左賢王
餘昆行征虜將軍餘暈竝爲征虜將軍以行輔
國將軍餘都餘乂竝爲輔國將軍以行龍驤將
軍沐衿餘爵竝爲龍驤將軍以行寧朔將軍餘
流麋貴竝爲寧朔將軍以行建武將軍于西餘
婁竝爲建武將軍太宗泰始七年又遣使貢獻

百濟國本與高驪俱在遼東之東千餘里其後
高驪略有遼東百濟略有遼西百濟所治謂之
晉平郡晉平縣義熙十二年以百濟王餘映爲
使持節都督百濟諸軍事鎭東將軍百濟王高
祖踐祚進號鎭東大將軍少帝景平二年映遣
長史張威詣闕貢獻元嘉二年太祖詔之曰皇
帝問使持節都督百濟諸軍事鎭東大將軍百
濟王累葉忠順越海効誠遠王纂戎聿修先業
慕義既彰厥懷赤款浮桴驪水獻賝執贄故嗣
位方任以藩東服勉勗所在無墜前蹤今遣兼
謁者閭丘恩子兼副謁者丁敬子等宣旨慰勞
稱朕意其後每歲遣使奉表獻方物七年百濟

第五章　人物畫像鏡

西紀 1834 年に和歌山県で発掘された銅鏡は、隅田八幡社に保管されていたが、后に日本の国家文化財として指定されて以来、現在は東京国立博物館の所蔵になった。この銅鏡は人物畫像鏡とも呼ばれる。鏡面に人物が刻まれているからだ。

この銅鏡には次の 48 字の銘文があって倭国と百済の古代史研究に重要な資料になっている。

髙橋健自の判讀による銘文：

癸未年八月日十大王年
男弟王在意紫沙加時
斯麻念長壽遣開中費直
穢人今州利二人等
取白上同二白早作此竟

この銘文にある文句：日十大王、男弟王、意紫沙加、斯麻、開中費直、穢人今州利等を調べて銘文の歴史的意義を確かめる。

日十大王

大王の称号は辛亥年 銘鐵劍にも江田船山大刀の銘文にも出る。これらの銘文の大王は蓋鹵大王を示す事が明らかになった。

さて、人物畫像鏡又は隅田八幡銅鏡の日十大王は誰で、日十とは何を意味するのだろうか？ 文脈上この大王は斯麻/倭王武が西紀 502 年に百済に戻って王位についた翌年の事で、 斯麻をさすことに異論は無い。彼の諡号は武寧で日十は生前在位時の王号である。

百済の言葉で‘中’は chu と発音して 百済語で‘地’を意味する。東城王が多くの檐魯又は領地に獲居を任命してその称号には面中王、辟中王などがある。興味深い事に百済の木簡にも見える口訣符号で、中の代わりに十を記すことがある。この筆記法は高麗時代にまで続いている。すると、日十とは日中に通じるし、日の国の事になる。そして発音は多分 Nil-Chu であった。

男弟王と意紫沙加

日本の古代文献には継体天皇の諱として意本杼（おほと）、男大迹（をあと）、乎富等（おふと）、など同意異字の名前が目を引く。果して男弟はこのような訓読をしたのであろうか？銘文の他のすべての漢字名を音読しているので、これのみ訓読するのは気になる。 百済王の名はすべて二つの漢字で名前を記している。‘とき’は腆支乃至直支、‘かすり’は蓋鹵乃至慶司、‘こにき’は昆支などである。

これによると、男弟は“だんで”、もしくは“だなで”を音讀した名である蓋然性が大きい。そして“だな”は百済の言葉‘黔丹’の‘丹’に当てれば儀式を行う聖所を意味する。“で”は場所を意味するので、“だなで”は‘聖なる地’の意味を含まれていると推測することが出来る。殿様の‘との’は‘だな’と音が通じるので、“だなで”は貴い地であるかもしらない“だなで”と‘おほと’とはかけはなれている。おほとは諱である。

それでは、おほと、と繼體と斯麻とはどんな関係があるのだろうか？それを結びつけるのが意紫沙加（おしさか）という地名だ。

この地名は現在奈良県櫻井市の忍坂（おさか）あたりだそうだ。

'おしさか'の'し'が省かれて'おさか'になったという。この'おしさか'にかかわった名が倭王室には150年も続く。例えば雄略天皇の母の名は忍坂大中であり、

彼自身は泊瀬朝倉即ち櫻井市の脇田あたりで即位式あげているし、敏達（572-585）の子の名は忍坂彦人大兄であるし、彼は男弟王/継体の曾孫でもある。その子舒明（629-641）の陵の名は忍坂陵だと文献は記している。

この様な事から、意紫沙加即ち忍坂は男弟王一族の本郷で倭王族の中心であった。それで、意紫沙加宮に居た男弟王は昆支/雄略の親族即ち昆支/雄略の子であったのだ。

歴史的意義

銘文の内容は'西紀503年八月日十大王の年に男弟王が意紫沙加宮にいる時、斯麻は長壽を念じて河内値と穢人今州利二人を遣し白銅二百旱を取り此の鏡を作った'である。

本稿ではこの斯麻は武寧大王の事で、三国史記によると西紀502年に即位したと記しているので百濟大王に即位した翌年西紀503年にこの銅鏡を作った事になる。そして男弟王とは斯麻のいとこで諱は'おほと'昆支/雄略/倭王興の子で櫻井市にあった意紫沙加宮に在宮していたのだ。西紀502年に倭王武/斯麻の后を嗣いで王位に登った事になる。

南済書479年の倭王武の除授記事と梁書501年の倭王武の除授記事もこの事実を裏付ける。そうすると日本書紀に記している西紀478年から西紀501年の間に在位したとする清寧、顯宗、仁賢、武烈は架空天皇の事になる。雄略が殺した皇子の記事も偽記である事になる。そして倭王位は武から男弟王/継体に502年につながる事になる。

結びに

5世紀の百済と倭の古代史にあった謎の一つが解けると思う。端緒を人物畫像鏡即ち隅田八幡銅鏡の銘文は記している。斯麻は倭王武として叔父である昆支王/倭王興/雄略の后を478年に嗣いで501年まで大倭を治めていたのだ。百済王室と倭王室が一体であったのだ。人物畫像鏡に描いた九人の人物像は斯麻が若い時一緒になごやかに暮した叔父昆支王の一家と見られる。

癸未年八月日十大王年

男弟王在意柴沙加宮時

斯麻念長壽遣開中費直

穢人今州利二人等

取白上同二百旱作此鏡

題六章　毗有王の出自

三国史記百済本記にも謎が多い。毗有王（427-455）の出自をめぐる謎がそのひとつである。

百済本記によると、毗有王は久尒辛王（420-427）の長子で父王の死后に王位に登ったと記したすぐ次に腆支王の庶子かもしれないと記している。

そして即位の翌年に倭から50人の従者を隨へた使者が来たと記している。

本稿では毗有が倭の地で397年から405年まで應神朝に留っていた直支太子の子である事を明らかにする。そして433年頃に毗有は百済の大王として倭地にあった彼の長子加須利君を倭王済に冊封した事も究める。

直支太子の庶子毗有

百済王‘とき’を日本書紀には直支と記し三国史記には腆支と記している。直は当時Diokと発音し、腆はTienと発音されて共に‘と’をDi乃至るTiの初音節を持つ漢字で音寫しているとみられる。吏讀のしきたりで‘き’は当時支で記した。

‘とき’太子は大倭の開国以来、倭の地に滞在して百済と倭の外交に務めたと思う。405年に五百人の倭護衛兵の許に百済に戻り、王位についた腆支は即位の年にすぐ八須夫人を王妃に迎えたと百済本記は記す。

そして腆支王が亡くなった420年にその子久　辛が王位についた。そして7年后　毗有は王位を繼承した。もし　毗有が久辛の子であったら7才にもならない幼い年で王様になった事になる

百済本記には　毗有　の長子が　蓋鹵　だと記す。日本書記によるとこの次子が昆支であった。そして日本書紀は　昆支が　倭の地に来た461年にはすでに五人の子が京にあったと記している。そうすると427年に幼兒であった　毗有には460年頃に五人の孫があったわけで、これは到底可能でないのだ。

この次第に　毗有は久　辛の子でなく直子太子の子であり、倭の地で生まれたと考えられる。そして　蓋鹵/加須利と昆支兄弟も毗有の兒で倭の地で生まれたと考えられる。

大倭王族の易姓

宋書に記された五　倭王の親族関係が　倭王珍と　倭王済の際には欠けている。これは異例のことだ。

倭王済は443年頃に　毗有大王により倭王に冊封された。そして倭王室にはこの頃王統に断絶したと藤馬生夫は述べている。事実は倭王讃と倭王珍は応神の子孫で眞氏族であるし、　倭王済と興と武は毗有の子孫で余氏族であったので王統に　易姓があったのだ。倭王武の父王が　蓋鹵大王/倭王済である事は前稿で述べた通りで、　倭王済は弟王により継承したし、この　弟王が　昆支/雄略で継体はその子である事も前稿で明らかにした通りだ。以来、余氏王族が大　倭王室の氏姓になったのである。

日本書紀によると雄略の治世は457年から479年まで22年間にわたっていて、倭王興は455年から477年まで22年間在位したとする本稿の　治世期間と一致するので、　倭王興が　雄略であると本稿はあえて唱えるわけだ。日本書紀には　雄略の子である

べき継体が西紀 507 年に 58 才であった記していて、生年は西紀 449 年になるから 461 年に 昆支の子が五人京にいたと記す 日本書紀の記事内容とも符合する。

昆支/倭王昆を左賢王に冊命

倭王済は西紀 455 年に百済の蓋鹵大王になり、その王位は当然その弟王昆支により継がれたと思う。これまで 倭王興の即位年度は世子興が不明の年に上表文を出し、460 年頃には倭国が使を遣し、462 年に初めて 倭王世子興を安東将軍、倭国王に冊封したとの宋書の記事だけなので、済と興の王位相続の確かな年度は不明であった。そして拙稿では先王済が百済大王として生存しているので世子の資格で宋に上表文を興が送ったのは 455 年であると考える。

実質的にこの年に倭王興は王位に登ったのだ。なおさら 458 年に蓋鹵大王が宋に遣った上表文には昆支王を左賢王に、余紀を右賢王に冊封している。

この 左賢王余昆即ち昆支王が倭王興として治めた国は何と倭であったので、この倭王が日本書紀の雄略であったと前稿で述べた通りである。一方、右賢王余紀が江田船山古墳の被葬者で玉名郡あたりの肥（こま）国を治めていたと前稿は述べている。

こうして関東の乎の国と大倭の国と肥の国はいずれも百済の 蓋鹵大王が冊命した獲居らが治めた国即ち檐魯（タムロ）であった事になる。

そして 461 年に昆支/雄略が百済を訪れた政治的意義が明らかになると思う。高句麗に圧迫されて常に軍事的緊張状態にある蓋鹵は左賢王である 昆支/雄略と軍事対応も計り、また大倭の開発に必要な才伎（てひと）の渡来を企たてたと思う。

事実に 雄略記は 461 年以后 百済から多くの 才伎（てひと）を受け入れたの事を歴史に記している。百済と倭の間でこの自由な技術人移動が可能であったのは兄弟王が治めた二国の 間柄であったからこそである。

倭王武の 478 年上表文には百万の大軍で高句麗を討つ計画を記している。昆支/雄略が元々備えていた軍事計画の延長として理解できる。救援に対する宋の否定的反応と文周王の弑害による 百済の不安な政治状態で 倭王武は軍事行動の代りに 昆支/雄略の王陵建設に盡力したものとみえる。

毗有は百済の蓋鹵大王/元 倭王済と 昆支/雄略/倭王興の父であった事を明かにした。一方、日本書紀には忍恭天皇が安康天皇と 雄略天皇の父だと記している。そして安康を殺した皇子/眉輪を雄略が殺したと記している。けれども本稿で明らかにしたように眉輪の双子であった顯宗天皇と仁賢天皇は架空であるので眉輪の存在もあやしくなる。一方、 雄略の兄安康の治世は 454 年から 456 年に亙る短い期間であったと日本書紀は記す。 雄略を 昆支に比定する本稿によると 昆支の兄王 倭王済の 治世期間は 443 年頃から 455 年までなので、 済を安康の治世期間は 2 年と 12 年の隔てりがあるそれにも拘らず本稿では安康が済であると 比定する。 その根據は日本書紀にある安康と雄略の父忍恭の治世が 412 年から 453 と言う途方もない期間が不詳である事である。

そうすると濟に比定する安康の父忍恭は余氏王族であるべきで先王である真氏王族の讃と珍とは異姓の王室出身である事になる。

一方、 日本書紀には反正、 履中が応神の孫で眞氏王族であるから余氏であるべき忍恭とは親族ではないこうしたわけで、 反正と履中を倭王珍と倭王讃に比定する。 日本書紀による反正の治世は 40 6年から 411 年の 5 年間で、 宋書による珍の治世は 438

年から443年頃まで約5年間であるので、治世期間がほぼ一致するのも偶然ではあるまい。そうすると宋書による倭王珍の兄倭王讃は日本書紀に記した反正の兄履中に当たる。このふたりは共に真氏王族出身になるわけだ。

こうして倭王讃、倭王珍を履中と反正に、倭王濟と興を安康と履中に比定すると忍恭/毗有は天皇でなかった事になる。

結びに

毗有は大倭に397年から405年まで滞在していた直支太子の子である事が明らかになった。そして、毗有は百済に戻って427年から455年まで大王に在位し大倭で生れた子加須利君を倭王済に443年頃冊命した。彼の弟昆支王がその后を継いで455年に倭王興になり雄略に比定した。

この倭王興/雄略の后を蓋鹵の子斯麻が477年に継いて倭王武になり502年には百済に戻って武寧大王になった。武の后を継いたのが継体天皇と成るわけだ。こうして倭王讃、珍、濟、興は各々履中、反正、安康、雄略に比定した。毗有は忍恭天皇であって倭王武の代りに清寧、顯宗、仁賢、武烈の架空天皇が日本書紀に載っていたのだ。謎の五世紀の大倭はほかならぬ百済の淡路（タムロ）であったのだ。

第七章　百済から渡来した応神天皇

日本書紀によると第１５代天皇は応神である。応神天皇が実存した初めての天皇だと歴史家たちが述べている。そして名は誉田（ホムタ）別(ワケ)であると記されている。別は　獲居に通じる　百済の檐魯(タムロ)又は那縣の領主又は候王を　獲居と呼称したのは辛亥年銘即ち稲荷山古墳出土の鐵劍銘に関する拙論に明らかにしたことである。

すると　誉田は　獲居又は別が治めた　檐魯の地名乃至国名のことになる。ホムタのタは地に通じるので、ホムが肝心の地名でホとコは共に轉じ易いのでコムが地名だったとそうだ。コマと通じるし、　百済の固麻即ち現公州の古都名である。

果して　誉田別は固麻檐魯の元領主であっただろうか？四世紀末高句麗廣開土大王の水陸大軍は固麻まで侵入して来た。この際、固麻　獲居又は　誉田別は倭に亡命して河内に大倭を開国したのではないかと本稿は論ずる。

応神の本名は真爾

478年に宋に遣った　倭王武の上表文には祖爾が国を建てたと述べている。祖は祖先の事で爾が開国王の名である。西紀 472年に蓋鹵王が魏に遣った　上表文には高句麗が侵入して来た時、‘祖須’が　高句麗の祖釗王を殺したと記されている。‘須’は近仇首王を示す。つまり‘祖須’が五代前の先祖を示すが‘祖釗’は　高句麗王の先代を示す。そうすると‘祖爾’は先祖又は先代の爾を示すものと思う。ともあれ　爾は百済王族の名である事がわかる。

辛亥年銘 鐵劍に見たように 蓋鹵大王に仕えていた平獲居（コファッコ）はその先祖が加羅地方の多沙鬼（現河東）から倭国に来たのが西紀 400 年前后であるためにこの当時に開国したと思う。大倭の開国王‘祖彌’の関りに注目する。ところで金在棚の論文によると‘新撰姓氏録’（815 年）と‘三国史記の 百済本記’との関聯記事を調べた結果、大倭を開いた応神即ち‘祖彌’の姓が真氏であるという。

三国史記に記された歴代王の權臣を見ると古爾王 7 年に真忠が左將、14 年には真忠が右輔であり、28 年には真可が内頭佐平であった熊津に遷都した後、三斤王 2 年大豆城で反乱が起きた時、佐平であった真男は鎮圧に失敗し、徳率真老がこれを鎮圧したと記す。そうすると真氏一家は王室の外戚で莫強なる勢力家であったのだ。一方、百済の官名には北部の真会、北部の真果など北部という人名があって当時北部は熊津を示し、真氏一家の領地が熊津地方にあった事を示唆する。このように真氏は代代王室の 外戚で熊津地方に領地をもった勢力家であった。

一方、‘新撰姓氏録’（815）には‘真人’（まひと）三十三氏が記されていて、応神の息子‘稚沼毛’の后孫であるという。この稚沼（ちぬ）は真（ちぬ）の表記と見て、応神の姓が真氏だと主張している。

応神の和名ホムタワケはコムタワケの轉音と見てコムタ即ち熊（コム）田又は熊津と通じ、この領地に獲居（ワケ）であった真彌が西紀 396 年の 高句麗南侵の際、倭の地に亡命して大 倭を開国したと本稿は主張する。

当時熊津領地にホムタワケ即ち 真彌が在任した證據は日本書紀応神年記事だと金聖昊は指摘する。西紀 392 年の事だと思うこの記事は 応神/真彌が紀角臣等を 百済の辰斯王に遣って王の無礼を抗議した。直后大島で狩をしていた王は亡くなったと三国史記はしている。一月もたたない期間にこういう事件が起きたのは 応神/真彌が熊津に当時 獲居（ワケ）として在任していたことを示すと言う。

熊津即ち今公州の近くにある水村里遺跡から発掘された冠帽はこの地が400年代以前に百済の 檐魯(タムロ)であった事を明らかにしている。当時熊津の 獲居であった 応神/真爾は396年に迫って来た 高句麗軍から逃れて河東に走る。そして当地に獲居であった多沙鬼 獲居を説得し共に自由の地である 倭の地に向かったと思う。

大倭王族の姓氏：真氏と余氏

日本書紀は397年頃に 大倭が開国した事を示唆する。応神16年記には“ 百済の阿辛王がこの年に亡くなったので太子直支が帰国して王位を嗣いた” と記している。阿辛王の在位は392－405年なので応神は390年頃から 獲居として在位した事になる。そして直支太子は397年頃から 大倭に来たし396年に 高句麗軍が南進した翌年に 大倭は開国した事になり、ホムタワケは応神天皇に成る。ともあれ日本書紀によると仁徳、履中、反正が 応神の后を継承している。本稿で明かしたように履中と反正がおのおの倭王賛と倭王珍にあたりこれまで王姓は真氏だと思う。そのあと 百済大王であった毗有はその子加須利を443年頃に倭王済に任命し、その后の王姓は余氏になった事を本稿は明らかにした。本国に戻って腆支王になった后を長子久尓辛が 繼いて427年には直支太子の子として倭地で生まれた 毗有が百済の王位を 繼いた事も本稿は明らかにした。そして大王であった毗有は443年頃に 倭地で生んだ 子加須利を倭王済に任命している。その后を加須利の弟昆支が 繼いで倭王興になり、この倭王が日本書紀の雄略天皇であることも本稿は明らかにしている。

このように 百済の王室と大倭の王室の間には同じ血縁で結ばれていたのである。こうしてなぜ百済と大倭との間に引き続いて人的、物的交流が自由に行われていたのか理解が出来る同時に考古学発掘による沢山の百済の遺品が日本の各地の古墳に出土するのが分かる。

結びに

稲荷山古墳出土の 鐵劍に刻まれた銘文にある 獲居の称号を見ると治めた領土は相続が出来ないし、大王が任意に任官する制度であって郡県制と封建制度の中間みたいな制度である事がわかる。 そして 獲居の称号の前には任じられた封地乃至領土の地名を示している。

そしてこの 鐵劍に刻まれた名は 百済が西紀 369 年頃平定した加羅諸国の国名で 獲居の称号が列挙されていた。 その慣例にのりとって 誉田別（ホムタワケ）の意義を調べると、熊（田） 獲居と見え熊田は固麻（田） の事で百済の熊津（現公州）を意味する事がわかった。 そして ホムタワケは元熊津の領主で 百済の侯王であったという事になる。 また應神の 姓名は真爾であろうと推測した。

そしてこの真氏王族は反正までその以后の天皇の姓氏は余氏であるというのが本稿の主張である。 百済王族と大倭王族は同じ血縁の一家であったのである。

この事実を元に 百済と大倭の間に連綿とつづいた友好関係が理解出来る。

[公州 新川里 古墳 出土 金銅 冠帽 飾履 及 東晋製 陶瓷器]

第八章　百済の七加耶平定と七支刀

辛亥年銘鐵劍又は稲荷山古墳出土の鐵劍銘は通説の幼武（ワカタケ）でなく百済蓋鹵王に仕へた百濟武将家門の后孫である乎獲居の家族関係を記している。

この銘文により百済の七加耶平定は確かな歴史事実である事が明らかになった。

銘文に刻まれた乎獲居の祖先互己加利　獲居、多加披次獲居、多加利獲居などの称号はこれを裏付ける。

この平定史実は日本書紀の神功記に記されている。この記事は七加耶とは卓淳、比自　、南加羅、喙国、安羅、多羅、加羅の七ヵ国をさす369年の事で372年には　七支刀と七子鏡が　倭に傳へられたと記す。

本稿ではこの七カ国の正体を明らかにすると共にこの平定にあずかった倭の実体にも迫る。

百済が平定した七加羅の国

辛亥年鐵劍の銘文により西紀345年頃にはすでに現慶尙道咸昌にあった古寧加耶国であった互己加利に　百済は　獲居を遣って治めていたのだ。洛東江の上流に近い　卓淳を先ず　百済は369年に討ったと見える。三国史記によると374年　百済の禿山城主が新羅に投降したと記している。現慶尙道星州に近い所に禿用山城がある。禿山は　卓淳に音が通じる。

この地の南に 洛東江の」 ほとりある比斯伐(比自　)と共に多加・喙国が隣接していてこの二つの加耶の国を 多加披次獲居は共に治めていた。このあたりで 洛東江に注ぐ支流黄江のほとりには多羅国があった。

近年この遺跡からは多くの遺品特に環頭大刀、玉工芸品と共に 百済の金銅冠を発掘していて百済のタムロであった事がわかる。ここから近い高靈地方にあった国が神功記の'加羅'の国である。

近年考古学発掘の結果、加羅即ち高靈伽耶には王陵を5世紀以后山上にずらりと造ったのがわかった。ここから環頭大刀や長頸壺陶器を遺しているし、ここから近い磻溪堤遺跡からも百済風の金銅冠の模型を飾った冑が出土している。

そして金海にあった南加羅又は金官加耶の古墳からも百済の金銅遺品が出ているし、現咸安にあった安羅加耶も百済支配の名残りを遺している。

こうして加耶の七カ国が百済の支配下にあった事が文献と共に考古学発掘により確かめる事が出来る。

倭の援軍と七支刀

神功記の加羅七カ国の平定記事の真実は、百済の平定作戦に倭が援軍の役割をした戦いだと本稿は見る。そしてこの倭は369年の事で397年に開国した大倭ではなかったのだ。それではこの倭は誰であろうか?

百済系の物部氏族の出自をさぐる。

考古学者大場磐雄によると物部氏族祖先は九州、四国、出雲、瀬戸内海沿岸近幾にいたる日本各地に互って1、2世紀頃から定着していたと述べてその證據に銅鉾の遺品をあげている。銅鉾が出土する遺跡あたりに物部氏族が布留の神を祭った神社があると述べている。

一方、韓半島では三国史記により百済を立てた兄弟沸流と温祚の中、沸流は現仁川あたりの彌鄒忽に、温祚は内陸の慰礼に国を立てたと記す。この沸流を祖先とする氏族は半島西海岸沿いに地名タムロ（大水、大馬、多水、大頭、大龍等）を彼等の定着地に 遺 しながら海上移住を続けて對馬（タマラ）を経て倭地に到る。現在，つしま，とよむ對馬島は3，4，5世紀までは地名タムロの吏讀表記であったのだ。この氏族は沸流を祖先神として祭りながら移住をつづけたと見える。沸流（Biriu）は轉じて布留となり、布都になったという。

この布留祖先 と大物(タムロ)主神を祭る神社を物部氏族は定着地ごとに殘している。さて、三国史記によると西紀２０９年から3年間安羅加耶を中心とする内陸の国と浦上八国の間には凄切なる戦争があって、この 浦上八国を主導したのが、この氏族であったと金聖昊は述べる。ともあれ伽耶七カ国の平定に参加した倭援軍とは 對馬島や一岐、九州北部に住んでいた 物部氏族と見るべきだ。

その證據が七支刀であると本稿は説くのだ。

石上神宮の禁足地から 七支刀は初めて１８７４年に発掘された。 石上神宮は元々布留御魂を祭っていて物部首がその神宮でもあった。布留とは前に述べたように 沸流または夫妻とも読める吏讀表記であるので、いず れも百済の祖上神と関わりがある。それは 七支刀と 物部氏族の関りを示唆する。ともあれ對馬島が‘タマラ’と 呼ばれた時代そのあたりに住んでいた 物部氏族の上が倭王旨で伽耶七カ国平定時百済を援軍した功勳で 百済大王が下賜した大刀が 七支刀だったのである。

さて、 七支刀の銘文は通説によると

表面：泰ロ四年ロ月十六日ロ丙年

正陽造百錬鋼　七支刀生口百兵
宜供供候王口口作
裏面：先世以来未有比刀百慈王世口
奇生聖音故馬倭王旨造傳示後世

神成記の年代を二甲週繰り上げて西紀３７２年頃に造ったと見える七支刀の銘文を本稿では次のようによむ。

“泰口四年吉祥なる時日に百錬の鋼で 七支刀を造る百兵をもさけるのだ。
宜しく候王に供供するべきだ。口口作る。
先世以来未になかった比の刀を百済王は神奇なる生、神聖なるおみ（音）である故に倭王旨の為に造るので后世に傳示するべきである。“

辛亥銘鐵檢に記してある如く、百済はすでに３６９年頃 七カ伽耶国を平定して獲居即ち候王を７カ檐魯（タムロ）に冊命している。当然援軍に来た倭軍にも論功をするべきであった。そして倭軍の首に倭王旨の称号を与えたと思う。

この 倭王旨が率いる倭軍が洛東江を南下した百済の援軍をするには韓国半島南部の一隅に橋頭堡があったはずだ。洛東江西岸の金海にあった南加羅は百済が攻め取っていたが、洛東江の東側の釜山にあった任那伽羅は攻撃目標ではなかった。この 任那伽羅が彼等の橋頭堡の役割を果たしていたのだ。

任那という国名は中国史書翰苑、三国史記の強首傳、眞鏡大師の碑文、そして広開土大王碑にも記されている。福泉洞古墳近くにある博物館に収めている豊富な遺物はこの任那伽羅史実を裏付ける。

この百済一族出身の倭王旨はやがて彼の氏族を率へて東進したのだ。その歴史を傳へるのが物部氏族の族譜である、先代旧事本記，である。この旧事記には彼等の祖先饒速日命に率いられて東進して大和の地に先住していた長髓彦の国と聯合して權勢に預かっていた。やがて神武/応神の侵攻を受ける。

遂に饒速日命は神武/応神が百済の子孫で彼等と一族である事を確かめた後に 長髓彦を殺して 神武/応神に降った事を文献は傳へる。

こうして 物部氏族は 応神朝を支える大家門の一つになった。

倭王旨が對馬一帶を去った后、百済出身の沙至彦の登場を日本書紀は傳へる。

彦とは比地に通じる百済の尊称で、彼も百済出身である。彼の子孫である葛城氏族の遺跡から出土する遺品はこれを裏付ける。

日本書紀によると西紀 428 年頃沙至彦は大加耶に侵攻する。百済将軍木羅斤資の援軍に大加耶の国は救われる。

この沙至彦は４００年初には南加羅地方にあった百済難民の救出にも任じるし、新羅の王子未斯欽を島の中に人質としていた事も日本書紀は記している。

そして西紀４０５年頃帯方界に倭水軍の出現を広開土大王碑文は傳へる。

この倭も對馬島あたりに根據を構えた百済一族の倭が主力であったと思う。

第九章　毛野王国

西紀 396 年高句麗軍の侵入時、慶尙河東の故地多沙鬼に獲居として任じられていた百済武將一家は遠い東京の荒川のほとりまで亡命、定着した事を稲荷山古墳鐵劍の銘文は記している。

この一家は荒川上流方面にそして房總半島方面に勢力を伸ばした。遂に 443 年頃この一家は現行田に百済の獲居として再任される。百済の檐魯（タムロ）制度は 479 年東城王の時代まで続く。后代には 獲居の代りに王号を使い始めていた。百済が高句麗侵入で都を漢城から熊津（公州）に遷都を余儀なくされて以来、その勢力は急激に衰いていた。その時期以来、乎獲居の国は独立の王国の道をたどって行ったのだ。伽耶七カ国も同様に独立王国として栄え始めたのだ。乎の地名は行田又は毛野と変わっていった。

乎獲居勢力の東進と王賜銘大刀

王賜の字が刻まれた大刀が千葉県市原市の福荷台 1 号古墳から出土したのは 1976 年の事だ。大刀の表裏に 6 字ずつ刻んでいたが、表に王賜敬、裏に比廷の字のみ読み取れる。この 大刀が 乎獲居勢力の東進を語る印だと本稿は推論する。その根拠を述べてみよう。

先ず荒川河口からこの市原まで 20ｋｍぐらいの近くにあるし、文字のある遺物、百済風の人物埴輪がここで出土しているし、房総半島出身の膳家は乎獲居の祖先大彦（意富比垝）を彼等の祖先と崇めているからだ。

当時 5 世紀半ばに文字のある遺品が出土しているのは、百済の獲居が治めていた 乎獲居の地、右賢王余紀が治めた九州玉名の地、そして左賢王余昆が治めた大倭の地の三ヶ所の中で稲荷台古墳に最も近い所は 乎獲居の地で毛野王国に成り済ました。ある時この 王賜銘大刀を家臣に 下賜したと思う。元々 乎獲居の祖先 多沙鬼獲居が亡命時、一緒に渡来した家臣があった筈で船に 伴って来た家臣たちが漁業や舟運を営みながら海岸沿いに房総半島にまで移住していたとみられる。

事実、膳家の子孫高橋が遺した'高橋文書' により彼等は房総半島で漁業に携わった家柄でありその上祖は大彦即ち 乎獲居の氏族であったのだ。考古学発掘の結果、行田近い 百済木道跡と市原市の山倉一号古墳から同じ 百済風の埴輪が出土するのもこの二つの地域にあった氏族が百済出自である證據なのだ。

毛野王国

百済が平定した加羅七カ国は 396 年以来高句麗の侵攻により百済の国力が著しく 衰弱したのを機会に独立の道をたどっていた。例えば、高霊句麗にあった大加耶は 479 年になると中国南斉に使節をおくり補国将軍の称号をもらっているし、他の加耶も独立王国として発展くていた事を文献や考古学発掘によりわかる。

乎獲居の国も 5 世紀后期になると独立王国の道をたどっている。5 世紀の半ばまで群馬県には巨大な天神山古墳が象徴する如く大きな勢力が存在したが、5 世紀后半になるとこの勢力は衰えて埼玉県行田あたりに巨大な古墳群が現われ始める。

新勢力の出現を告げている。この行田の稲荷山古墳から出土した銅鏡（乳画文帯）神獣鏡）と同型の銅鏡が群馬県観音塚古墳、千葉県大多喜古墳から出土している。毛野王国で発展した平獲居一族の勢力の伸張を示すのと思う。この同型銅鏡は三重県塚原古墳、福岡県都古墳等、百済を結ぶ航路上にある遺跡からも出土するのを見ると 百済との関りを考えざるを得ない。

そして毛野王国の存在を示す日本書紀にある記事に注目する。

先ず継体２１年記 1５２７年にある記事だ。

“近江の毛野君が兵六万を率いて任那に合わせようとした。このとき、筑柴国造岩磐がひそかに反逆を企てたがぐずぐずして年を経て、事のむずかしいのを怖れて隙を窺っていた。”

毛野一族が近江地方まで進出している事を示唆する記事であり、５２７年に南加羅と喙己呑が新羅に破られたのではなく、５３２年の事で年代は誤りである。ともあれ、磐井は肥前、肥后、豊前、豊后をおさえて職務を果たせないように、外は航路を遮断して 百済などの貢物を運ぶ船を斯き奪い、うちは任那に遺わされた毛野臣の軍を遮り、無礼な揚言をした。‘今でこそお前は朝廷の使者となっているが、昔は仲間として肩や肘をすり合い同じ釜の飯を食った仲だ。使者になったからとてお前に俺を従わせることはできるものか。’

この記事は毛野君と筑紫君は昔共に同じ飯を食ったと述べているので、昔 百済のタムロであった時の事を示していると思う。

そして毛野君は 乎獲居の子孫であるし、筑紫君は右賢王余紀の子孫であると思う。

次に安閑元年 （534 年） 記してある武蔵国造の争いの記事を見る。

“武蔵国造の笠原直使主と同族小杵とは国造の地位を争った長年決着看しなかった。小杵はひそかに上毛野小熊に助力を求めて使主を殺そうと図った。使主は京に至り実状を奏上した。朝廷は使主を国造とし小杵を誅された。

国造小杵は感激して四ヶ所の屯倉を設けたてまつった”
笠原は稲荷山鐵剣銘の加差比余に、毛野は平那に比定するので、共に 乎獲居の同族が上毛野と武蔵を治めていた事になる。
最後に舒明記９年（637年）の條に曰く“この年虫叚夷がそむいて入朝しなかった大仁上毛野君形名を召して将軍として討たされた。しかし、虫叚夷のためにうたれ逃げ砦に入った。軍勢は逃亡してしまい、将軍も逃げようとした。このとき形名君の妻が嘆いて‘いまいましいことだ。虫叚夷のために殺されてしまうとは’と夫に語って、‘あなたの先祖の方々は青海原を渡り万里の道をふみこえて、海のかなたに国を平らげ武勇を后世に伝えました。いまあなたの先祖の名を汚せば后世の笑いものになるでしょう。と言った
この記事は獲居の先祖が加耶平定に参戦した歴史事実を示して上毛野君形名が 乎獲居の子孫である事を確かめるのだ。このように日本書紀の記事で 乎獲居の子孫が毛野王国を築いていた史実を窺う事が出来る。

結びに

千葉県稲荷台一号古墳から出土した王賜銘大刀は 乎獲居の一族が独立王国を関東にかまえた或る時房総半島に定着していた家臣に下賜した大刀であると本稿は述べた。
乎獲居の先祖多沙鬼獲居が一族をひき連れて韓半島から東京湾荒川の畔に定着し時、共に渡来した家臣の一部が東京湾沿いの房総半島市原のあたりまで移住していた証が 王賜銘大刀であったのだ。この事実は 乎獲一族が毛野王国を立てたあかしでもある。その外高橋古文書、百済風の埴輪、画文帯神獣鏡の出土も房総半島に毛野王国の勢力が伸べていた事を示す。

一方、五世紀中期以后埼玉県行田市に築いた。巨大古墳群は関東平野にあった毛野王国のしるしでもある。そして日本書紀に記している毛野君の軍事活動は関東地方における彼等一族の独立王国の面影を窺うに足る。

百濟使臣圖

百濟風埴輪

第十章　磐井の乱と筑紫国の盛衰

筑紫国の磐井は 531 年大倭が遺した物部鹿鹿火の軍と一年間戦った末に首をおとしたと日本書紀は記す。本稿では 筑紫国は右賢王余紀が治めていた国から胎動したと考えその由来をたどる。百済の一タムロであったこの国が独立して北部九州一帯を支配する王国となった次第と敗戦以后の結末を述べる。百済が平定した加耶七カ国が 百済の国力の衰弱にともなって独立王国になったように 百済が支配した肥国も独立して 筑紫国となり 100 年余り栄えたと思う。

磐井の乱

西紀 529 年高句麗興安王が率いる大軍の侵攻を迎えて 百濟は 3 万人の軍で戦ったが、2 千人に達する兵力損失をうけながら敗退したと三国史記は述べている。この隙に新羅は武寧王が取り戻した洛東江海岸の 加耶の国を克ち取り始めたのだ。この 新羅の拡張に脅かされた大 加耶国王異脳は自ら大倭に走って救援を求めたと日本書紀は記す。

遂に釜山にあった任那にも、金海にあった南加羅にも、靈山にあった喙国にも、新羅の侵入が迫って来たのだ。一方、西紀479年 百濟王文周と三斤があいついで殺害された。その后を昆支王/雄略の次子が王位を嗣ぐために倭を立ち百濟に向かった時、護衛にあたった兵士500名は筑紫の国から来たと 日本書紀は記す。当時 大倭は倭王武が王位にあったが若冠なので年上のいとこが 百済王に推されたのだ。

この隙百濟の東城王に従っていた 倭出身の武将の中には全羅地方の領地に獲居として任じられたと思う。光州には 倭武将が葬られたと見られる五世紀末に造られた前方后円古墳が二基もある。

当時九州菊智あたりには 百濟のタムロ/肥国は右賢王余紀が獲居として又はその子孫が治めていた時期だ。百濟王蓋鹵の子である斯麻が479年当時倭王武として大倭を治めていた頃に筑紫の肥国は500名の兵士をすみやかに東城王の歸國時護衛して遣ったと思う。

この時期から50年くらい経った531年頃には筑柴国は肥前、肥后、豊前、豊后を支配した大きな国となり栄えたのだ。

その勢力拡張の課程は詳らかではない百濟が支配した半島南部と倭にあったタムロの国は 百濟の国力が衰えた五世紀にかけて徐々に独立王国として栄え、特に大加耶と大倭と毛野と 筑紫など 百濟の文化圏にあったタムロの国々の間では共通言語や宗教傳統など 百濟文化の影響で友好関係にあってこれまで相互に戦争があったしるしは何にもない。

百濟の文化乃至騎馬軍事力はタムロ領外の先住倭人の国を圧倒したと見られる。こうして政略結婚などを通じてタムロの勢力は急速に伸びたものと思う。

考古学から見た火中（又は肥国）

火中（又は肥国）は菊智一帯にあった 百濟のタムロを含む地域を呼ぶ地名で、肥は八世紀以前にはコマと訓読みしているし、百濟を意味する。この一帯にある遺跡から出土する遺物には 百濟文化の影響が強く見られる。韓半島の南海岸に沿って流れる黒潮の一支流により韓半島から九州の西部には容易に到る。そしてこの地は気候が温かいし肥えて水も多く稲作に適地であって古代物部氏族の一部はこのあたりまで古代から移住していた事を銅鉾などの遺物を通じてわかる。

そして彼等は大倭に 百済の渡来人が国を立てたついでにこの地にも百済から王族を迎える事を念じたと思う。そして４５８年百済から右賢王余紀を獲居として迎えたと思う。何らかの縁故なしに突然 百濟の王族がこの地に来るはずがないのだ。百濟が軍事的進出をしたしるしは何もない。

菊智城が築かれ、その城内には 百濟風の祭祀跡や 百濟の瓦を使った建物が立ち、菊智あたりには古墳群が造られているのを見ると肥（コマ）タムロは平和の中に根を下したのである。筑前南部と肥后中部一帯には筑后ないし肥后古墳文化圏とよばれて、そこの古墳は横口式古墳に家形石棺を用い古墳のまわりを石人とか石馬で囲む共通な特徴を持っている。

この一帯は有明海に沿った同一文化圏で五世紀后期には大倭と中国の中間寄港地があったところでもある。西紀 469 頃に北魏は山東半島を占めているので、南方航路による為、有明海を経由する事になる。478 年倭王武の上表文には百濟を遠くに望みながら使を出したと記し、雄略十年記には帰国途中遺宋使節が筑后マムマに寄った記事もある。

西紀 530 年頃磐井は九州北部の海岸と有明海に取り巻かれた筑前、筑后、肥前、肥后そして豊前一帯を支配して交通要地御中にその本拠地を構えていたのだ。

筑紫王権が支配した豊国

豊国は九州の北東部にあった国で、七世紀以前にはこの漢字名を〝カラクニ〟と訓読している。古書である〝古事類苑〟には百濟僧の名〝豊国〟を読めなく、百濟から来たお坊様の意味で〝カラクニ〟と呼ばれていたとの事だ。

八世紀に豊国は豊前と豊后に分かれた。この地には加耶人、新羅人、百濟人等の渡来人が混ざって住んでいて、秦氏族が特に多かった。東大寺の正倉院に保有された戸籍帳を見ると三カ郡の人口比が 秦氏族が大半を占めていたのだ。秦氏族は六、七世紀にかけて繁昌した殖産氏族である。5世紀后半以后に辰韓（又は秦韓の地である蔚珍あたりから渡来した穢人出自と推測される）524年の波旦（パタラ）に立てた、鳳坪里碑文には穢人の乱を 新羅が鎮圧した経緯を詳しく記している。このパタラからは他の氏族名が由来したとも言われている。秦氏族は豊国一帯で繁栄した。穢族はすでに128年頃漢に帰属して東北中国に滄海郡を立てた事もある。漢文化に紀元前から慣れていたので、韓半島東海岸沿いに南下し九州に至って后、殖産氏族として栄えたと思う。隋書が傳える北九州の秦王国とは外ならぬ豊国と関りのある国であって、秦氏族との縁故が深い地でもある。ともあれこの豊国がどのような経緯で筑紫王権の支配されていったのかは詳しく分からない。

このように穢人出自の秦氏族が多数住んでいた国であったわけで、彼等の故地である 新羅との関りが何とか筑紫と大倭との紛争に影響を及ぼした事は容易に推測が出来る。

日本書紀によると 新羅は磐井に賄賂を送り毛野の臣の軍を紡害するように勧めたと記す。果たしてそうであろうか？当時大倭と 百濟と任那や南加羅、大加耶の間には外交乃至貿易の為北九州の海上航路を利用したはずだ。そして北九州一帯を支配した筑紫も隣の国々と活発に交易したに違いない。

そして遂には 筑紫王権と大倭王権の間に 新羅の侵入を目の前にした任那と 南加羅の防御に当って国益に衝突が起きたと思う。

磐井の乱

山尾幸久によると磐井の乱は日本書紀に記した527年でなく、531年の事だと言う。531年にこの乱が起きたと本稿も同意する。継体記末に引用した 百濟記を信ずるからだ。

“531年に継体天皇、太子、王子が共に亡くなった。”

日本書紀によると531年継体を嗣いで二人の皇子が安閑、宣化皇位に登り、その后を異腹の子欽明が541年に即位したと記している。

大和を遠く離れた九州の敵を相手に戦うには軍事上、補給合上無理など太子と皇子など穏健派は派兵をためらい、何としても磐井は討つべきだと強硬な欽明は国運をかけて討伐を強行する為に政変を起こしたと思う。

磐井の乱を針圧した大倭王権は磐井の子葛子が献上した屯倉である現福岡港一帯を直轄地として確保する事に成功して、百濟や加耶地方への自由航路を克ち取り戦争の目的を果した。

磐井の乱を鎮圧した大倭はなおさらその政治勢力を九州まで広げる事になった。けれども隋書に記した秦王国の存在を見ても大倭は7世紀初まで全国を統一した王権ではなかった事がわかる。

磐井の乱以後

筑紫風土記に記した磐井の墓はどこにあるのだろうか?この墓は八女丘にある岩戸山古墳であると言われたいる。八女丘は東西数kmに跨ってその西側には石人山古墳、岩戸山古墳など11墓の前方后円墳があり、東側には金糸を垂れた耳飾りで有名な童男山古墳など150乃至300基の古墳が広がっている。

この岩戸山古墳は磐井が造った墓であると言われている。長さ135ｍ、円墳の径は6ｍ、高さは18ｍぐらいで、各段には円筒埴輪が列立して、古墳の前方には石人、石馬、盾など石物を立てた。このような石物を飾った古墳は九州だけあると言われている。古墳の東北の隅には別区と呼ばれる広場（40ｍ×40ｍ）があって、ここには磐井の権力の象徴が見られる戍兵、判官、被告人の石物もあったそうだ。このような威風堂堂たる古墳である岩戸山古墳は磐井が生前に造ったと言う。考古学者毛利によると石人山古墳は土着古墳文化の典型を表す初期横穴式石室古墳で、石人、石馬で回りを飾る筑后、肥后を支配した磐井の一族を葬った墓であると言われている。福岡平野と筑紫平野を結ぶ要地にある。

筑紫野古墳群と小郡古墳群こそ筑紫王権の一族が葬られるにふさわしい。そして磐井一族は乱后も権勢は衰えってもその国は存続とたようだ。乱以后の筑紫国の記事が断片的に日本書紀に記されている。

欽明記15年（554年）條に聖明王の戦死を傳えながら函山城の戦いを述べる記事で聖王の子余昌が新羅軍に囲まれて苦戦するとき、弓の名人筑紫国造が進み出て弓を引き、新羅の騎卒の最も勇壮な者を射落し、次々と放った矢は雨のように激しく包囲軍を退去させてしまった。これによって余昌と諸将は間道から逃げ帰ることができた。

又、欽明記17年の條では百済王子恵の帰国の際、阿倍臣等が筑紫国の軍船を率い護衛して国に送りとどけさせた。別に筑紫火君は遺わし勇士一千人を率いて弥弖に送らせ航路の要路を守らせたと記している。この筑紫火君は百済記には筑紫君の兒火君の弟と記されて筑紫国と火中（肥国）は親族の間柄である事もわかる。

結びに

このような記事を見ると筑紫の国が乱后にも依然として存續した事がわかる。

磐井の乱は西紀 531 年に大倭王権と筑紫王権の間に起きた覇権の戦いであった。大倭は河内の百済タムロから生れた独立王国として関東の毛野王国も抑えた大倭の王権であった。一方、筑紫国は西紀 458 年九州菊智に生れた肥タムロが独立王国として盛んだ北九州一帯を支配するようになった。そして韓半島との外交、交易に必須な海上航路の自由をめぐった二王権の間に紛争が生じたのだ。

政変の後、遠征を敢行した欽明の大倭は一年間に及ぶ戦争の果に筑紫の磐井を斬り、筑紫国の平定に成功する。そして筑紫国は乱以後小さな國国に分れて存續したと思う。福岡海岸の港を確保し自由な海上航路を再開したので、大倭の戦争目的は達成したのだ。隋書によると秦王国が豊国の地に 608 年頃まで存在した事がわかる。

そして 554 年聖明王の戦死を傳えて来た百済王子恵の帰国を護衛した筑紫国の軍船の記事とか筑紫君の兒火中君の弟の護送記事はこうした国々の存続を暗示する。

岩戸山古墳

石人石馬

第十一章　国を中興した東城王

東城王の諱は末多（また）で倭王興（雄略、455-477）/昆支王の次子である。西紀 479 年に倭国から百済に渡って百済王に即位して当時王の名は意多朗であった事が日本書紀に記している。

末多王は倭の地で生まれ育ち、百済王文周と三斤が相継いで熊津（または固麻）王都で殺害された不安な百済に渡り来て王位に嗣いた。そして護衛して来た五百人の倭兵も適所に配置して国の内外を守りながら政治の安定と王権の強化に成功した。

東城王の出自

本稿では昆支王が雄略天皇だと見做すので、東城王も若い時櫻井市にあった意紫沙加宮で四人の兄弟姉妹と共に育てられたと思う。日本書紀によると男弟王又は男大迹は西紀４４９年生れであるので、その兄である末多王は西紀４４５年頃の生まれたたと見られる。

西紀４６２年生まれた斯麻王/倭王武よりも 17 才ぐらい年が上である末多王が 15 才で倭王に即位したばかりの倭王武に先立って百済の王位に嗣いたと見られる。

西紀 475 年に蓋鹵王と国母そして太子が共に高句麗軍により非命に命を落とした後に叔父である文周王が熊津（困麻）に遷都した二年目に殺害され、その子三斤王も即位二年目に亡くなって不安 な政情が百済には相続いたのだ。その状況で東城王が頼りにした側近武力には筑紫から護衛してきた五百人の倭兵であったのだ。

当時筑紫の火中、即ち肥国は百済のタムロであったので、その国から五百人の倭兵が派遣されたのだと思う。王室を守るのには五百人の兵士だけでは心細いと思ったが、最も頼ましがった。東城王はその倭将を衛戍兵にも、地方の要所にも配置したと見られる。先王の殺害を主導した逆賊を討った后、東城王は地方の要所にあったタムロに側近の倭将も獲居として派遣したと思う。

その證據は中国史書にある上表文と全羅道光州市にある二基の前方后円墳と日本書紀欽明記が傳える倭系百済人の記録だ。考古学者によると、この古墳は 5 世紀末に造られた物で光州地方のタムロで穫居として活躍して亡くなった倭将の為に彼の功績を重んじて故郷のしきたりに従いこの様な古墳に葬られたと思う。

一方、欽明 2 年（541）記には百済使節の中に紀臣奈率弥麻斬の名が記されていて、紀臣の誰かが韓人女をめとって生まれた子孫が百済に住み奈率に登った人だと記している。

中国遼西地方の百済タムロ

三国史記東城王 10 年（490）の條には“ 魏軍が浸入して来たが我軍が退けた” と記している。高句麗の西北方にあった魏軍が侵入した百済領土が遼西地方にあった 證據と見られる。西紀 314 年にはすでに楽浪郡は半島から逐出され、百済と 高句麗はその以来韓半島内で對峙していたのだ。

以后遼東地方まで進出した 高句麗を抑える為に遼西地方まで百済は進出したと思う。

その 證據は490年に南斉に遣った百済の上表文には沙法名等四人の百済将軍にこの時の戦功を称え、将軍の称号を求めた事が記されている。この上表文にはこの外に百済の南部にあったタムロに面中王など穫居の任命も要請している。この面中とは光州あたりのタムロだと言われている。この様なタムロが倭地にも関東、関西、九州の三ヶ所にあったとの事は本稿の主張でもある。ともあれ22ヶ所に及ぶ百済のタムロの政治體制は538年以后扶余に遷都した後には中央集権體制である五方制と共にタムロ體制は自然に解消されたと見られる。そして海外のタムロにあった元百済の領土には独立王国が生まれ、それぞれの歴史をたどっていたのだ。

通典百済傳に曰く"長城（遼西東部）にあった百済の残黨はその力が盡きて突厥と靺鞨と共に住んでいたが、その王扶余崇は故郷に戻れないまま亡くなった" 百済滅亡時代の記事である。

国際関係

瀕死状態の百済に来た東城王はタムロ制度の強化により、地方勢力の統治に成功すると共に遼西地方にあったタムロを通じて高句麗の圧迫をよく防いでいった。南齊が 高句麗王に大将軍の称号を与えた直后百済は484年に 南齊に使いを遣って大将軍の称号に除援させるなど外交に努めた。新羅とも和親外交に務め、新羅に請婚をすると共に 高句麗との紛争に共同して対応している史実を三国史記は傳える。

大倭を治めていた倭王武とはいとこの間柄で友好関係を続けたに違い無い。特に大仙陵は倭王興/雄略の王陵で倭王武/斯麻が建造する事に全力を尽くしている際、父王の陵であるので東城王も心をこめて貢献した事は容易に推測できる。

結びに

東城王は百済の中興に貢献した功績で高く評価されている。国際外交にも勝れて 南齊にいちはやく使節をおくる一方、 遼西地方のタムロにも力を入れている。国内政治に付いては帰国時護衛にあたっていた倭将も穫居に起用し、中央王権の強化を図った事は考古学遺物を通じてわかる。后日倭系百済官人の使節活動を通じても当時の倭将らの活躍ぶりを知る事が出来る。

瀕死状態の百済の国防と内実を通じて国家中興の基を固めてきた 東城王は晩年の失策で近衛将軍である苩加の刺客の手に非命に亡くなった。501年冬の事だ。その后を嗣いて百済大王に即位した日十大王は 東城王のいとこ斯麻で諡号が武寧であった。大倭ではその后を 東城王の弟男弟王が嗣いて継体の 諡号が送られた。

光州市 月桂洞 古墳

第十二章　武寧大王と聖王

倭王武（478–501）は諱が斯麻で九州各羅島で生れ倭の地で育ち、477 年倭王興/雄略を嗣いで倭王位に登った。478 年宋に遣った上表文に由り明らかになったように元倭王済であった蓋鹵大王の子である事を前稿に述べた。

本稿では 武寧大王として 倭国に傳えた儒教と共に百済における治績を述べる。その后を 繼いて聖王は倭に佛教を伝えたのは日本書紀によると 552 年の事だが、538 年の年代がより確かなようだ。554 年關山城の戦いで戦死した経緯を述べる。

儒教を倭国に伝える

502 年百済に来て大王に即位した 斯麻は大王になった后、自身を日十（即ち日の国）大王と称号し、后を 嗣いた倭王を男弟王と呼称している。 武寧は諡号である。 武寧大王は先ず先王東城王を殺害した苩加を討ち王権を固めた。そして北部失地と洛東江沿岸の攻略に努める一方、 任那加羅と南加羅に 3, 4 世代にかけて浮浪していた元 百済農民の帰郷を促し、 農業振興に励んだ。

そして治政に儒教を積極に用いたに違いない。 そのあかしが倭国に五経博士を西紀 513 年に遣り 3 年交代にさせて至った事である。

高句麗は小獣林王代（372年）にすでに太学を設け、373年には律令を頒布したと三国史記は 伝えている。律令法とは国家経営の基本法であり、儒教素養を具えた人材を基にその施行が可能である。これから推して 百済にも早晩同一な律令を施したと見られる。そのしるしに百済に260年頃から内臣佐平（秘書室）、内頭佐平（財政）内法佐平（儀式）、衛士佐平（近衛兵）、朝廷佐平（司法）、兵事佐平（軍事）等、六佐平制度があったと三国史記は記している。この制度の施行には 律令、五経、兵事に関する専門知識を備えた知識人の存在を意味する。

事実仁川に近い桂陽山城から出た木簡は5世紀初 百済にすでに論語学問が盛んであった事を明らかにする。

五経博士制度は漢武帝時代に創制されて、周易, 尚書、詩経、禮記、春秋など五経書を専門にした儒教教育制度である。

西紀502年に建国した梁朝では、505年に五経院を設立して五経博士の儒教教育に努めていた。そして 百済もこの制度を施していたようだ。512年に百済は使節を梁に遣っていて513年には倭国に五経博士を遣っている。日本書紀継体記七年（513年）の條に百済は且弥文貴将軍州利即爾将軍を遣して穂積臣押山に副えて五経博士段楊爾を奉ったと記している。

同十年の 條りに、百済は五経博士漢高安茂を奉って博士段楊爾に替えたいと願ったので、願いのままに交代させた，と記す。

武寧大王は三年毎に五経博士を大倭に遣っていた事がわかる。何故だろうか?

百済は384年に佛教を受け入れた以后、漢城には天王寺、熊津には大通寺等大伽藍を創建するなど佛教も盛んであり、使節を遣った梁にも佛教が盛んであったけれども武寧大王が佛教でなく儒教傳授に盡力したのは倭王であった故に 百済の官僚制度を倭にも築くべく、その基礎である儒教の傳播に努めたと思う。応神時代に王仁が千字文を倭に伝えたと日本書紀には記しているけれども、儒教を正式に伝えたのは 武寧大王であったのだ。

倭王武の以后、倭と中国の国交が随唐の時代まで断れた。大倭は王権も安定し、中国との国交が必要ではなかったと見られる。

高句麗に圧迫された百済は隣の中国の政情にもっと敏感だったと見られる。そして中国との国交は 百済には依然として活発であった。特に南朝梁は当時 武寧のもとに儒教と共に佛教文化の傳達に熱烈であった。その文化の影響を 百済は大きく受け入れ、自国の文化を高めた。1971 年に発掘された 武寧王陵から出土した 100 種 3000 点にのぼる華やかな遺品は百済の文物の栄光を伝える。その主な遺物を見ると先ず塼築墓で梁の墓制 受け入れた墓室には二つの木棺が出た。共にこの木棺は日本固有の御真木で造られ貴人のみに棺材として用いた木材なので、倭王室との格別な関りを示す。國内唯一の墓誌は 武寧大王の諱が 斯麻で 462 年生れで 523 年に崩じたと記す。大王であった故に崩字を用いた。典型的王冠、耳飾り、金製釵、環頭大刀が出土した。この 環頭大刀と同型の 大刀が大伽耶と日本各地の古墳 23 ヶ所から出土されて、その政治的な関りが関心事でもある。金製飾履、銀製釧、その他各種の装飾具等数多い遺品が出土された。中国製陶磁器も多数出土された。

聖王と佛教公傳

武寧大王を 嗣いだ聖王も佛教を厚く信じて色々な佛事を興している。当時、百済の王都であった熊津、即ち現公州に大通寺を創建した佛教理想国を目指していた梁武帝から強 い影響 を受けたのか、聖王は彌勒信仰を信じ、 彌勒佛が来世済度する際、衆生が守るべき規律を記した佛典を印度巡礼から帰国したばかりの謙益僧に命じて翻訳させ、その序文を聖王自身が著すほど熱烈な信者であった。大通寺の大通とは梁の年号であった。聖王は国の佛教傳授に力を尽くしたその信仰心で大倭に佛教を傳受した。この佛教公傳の年代を日本書紀には５５２年の事と記している。けれども、実際には元興寺の文献に記しているように欽明七年成午（538年）の事と見られる。この論據は前述したように531年に欽明が政変の結果即位していたならば、欽明七年は538年の事で元興寺の年代が確かな事になる。

ともあれ佛教公傳を傳える欽明13年記を見る。“冬十月、聖明王は西部姫氏、達率怒利斯致契らを遣わして釈迦仏の金銅像一倶、幡蓋若干、経論若干巻をたてまつった。別に上表し仏を広く礼拝する功徳をのべて「この法は諸法の中で最も勝れております。解り難く入り難くて周公、孔子もなお知り給うことができないほどでしたが、無量無辺の福徳果報を生じ、無上の菩提を成し譬えば人が如意宝珠を抱いてなんでも思い通りになるようなものです。遠く天竺から三韓に至るまで教に従い尊敬されています。それ故 百済王の聖明はつつしんで侍臣の怒唎斯致契を遣わして朝に伝え国中に流通させ、わが流れは東に伝わんと仏がのべられたことを果たそうと思うのです。」といった。

この佛法を傳えきいた国人達は排佛派と崇佛派に別れて、永年論争が続いた事はよく知られている。

任那復興会議

磐井の乱が鎮圧された翌年西紀532年に任那加羅と南加羅は新羅により滅亡される。そしてすぐ 百済は加羅の国々を再建する復興会議を召したと日本書紀に記している。西紀369年頃 百済が平定した伽耶七ヵ国は396年の高句麗の侵入で、百済は敗戦し降服した。400年には再び 高句麗の騎馬軍が任那加羅あたりまで南下したが、すぐ引上げた。その際に百済の勢力は急激に弱化して、これを契機にタムロであった伽耶の国々は独立王国の道をたどったと見られる。その后100年以上、この王国たちは平和と繁栄が続いていた。倭の地にあった 百済のタムロも独立王国に成り栄えった。

そして 伽耶のと倭の国ことの交わりは友好をもとに交易や人的交流も盛んで、共栄の間柄であった。多分 百済の治天下にあったおかげで言語も通じ交易も容易で互いに繁昌したのだと思う。そのあかしに日本の関東、関西、中国、九州を通じた20 以上の古墳から飾り大刀である環頭大刀、長頸壺須恵器、金糸垂れの耳飾り等がセットで出土されて、伽耶地方との交易が盛んでいた事が明らかになったのだ。

一方、武寧王時代に洛東江地方に再進出した百済軍の活動に新羅は脅かされていたに違いない。聖王時代に入り、百済と 高句麗の国境紛争は続いていた。そのすきに新羅軍が任那加羅と南加羅を 532 年に滅亡し、併合したのだ。

三国史記には加耶復興会議に関する記事は何もないけれども、百済遺民が記した 百済本記によると「太歳辛亥（531）年 3 月に 百済軍は安羅加耶に至り乞屯城に進出した。この月高句麗安蔵王が弑害された。又聞くのに大倭王と太子、王子が共に亡くなった。」これによると 531 年に既に 百済軍は 安羅加耶に進駐して新羅の任那加羅や南加羅への侵攻に対備していたと見られる。そして、532 年任那加羅と南加羅の滅亡直后に加耶復興会議を聖王は召集したと思う。

加耶復興会議を召集に関り、日本書紀は 541 年に任那復興会議を欽明天皇が召したと記して、参加した諸国の旱岐らと 百済将軍の名を列記している。聖明王が任那/加羅の旱岐らの復興策を問いた時"任那/加羅の復興を求める大王のお考えに異議はありません。任那/加羅は新羅に国境を接していますので、恐れることは卓淳らと同じ滅亡の運命にさらせないかということです。" そして王は 任那/加羅に対して「昔わが先祖速古王、貴首王と当時の 任那/加羅諸国の国王らとがはじめて和親を結んで兄弟の中となった。それゆえ自分はお前を子どもとも弟とも考え、お前も我を父とも兄とも思い、強敵を防ぎ国家を守って今日に至った。

新羅がこの国々を掠めとったのは自分の責であると言い、論議の結果聖王は三つの計策を示したと言う。

先ず新羅と安羅の境にある河の向えにある五つの新羅城に対し、河のこちらに六つの城を築き倭から３千人の兵士の援軍を求め、５百人ずつ任せて守らすべきだ。

次に安羅には百済郡令及び城主を置き、守備させ、そして任那にある姫臣奈率弥麻沙らの帰国を請う事であった。

これで旱岐らは至急のお言葉であると述べて帰国したと日本書紀に記している。

聖王の戦死

三国史記によると550年正月に聖王は１万の軍士で高句麗の道薩城を攻め取り、３月には高句麗軍が百済の金峴城を包囲したと書き、５５３年７月には新羅が百済の東北辺を奪って新州を設けた記した後、５５４年７月には聖王が５０名の軍士と出兵中新羅軍に狗川でとりこになり弑害されたと記して、聖王の戦死を告げるにとどまる。けれども日本書紀はこの間の史実を詳しく書いている。

欽明12年（５５１）記によると、「春三月、麦種１千名を百済王に賜わった。この年百済の聖名王は自ら自国と新羅・任那/加耶二国の兵を率いて高麗を討ち、漢城を回復した。また軍を勧めて平壌を討った。すべて六郡の地が回復された」

欽明１３年（５５２）記には、「百済、加羅、安羅は中部徳率木劦令敦、河内部阿斯比多らを遣わして奏上し、高麗と新羅を連合して臣の国と任那/加耶とを滅ぼそうと謀っています。救援軍を受けて不意を突きたいと思います。軍士の多少についてはお任せします」と記す。

この頃 百済は高句麗軍と激しい戦いが続けていて漢城まで取房していることがわかる。戦勢が苦境におちた 百済は新羅軍を引入れたのだ。そして新羅は 高句麗と 百済が戦争に疲れているすきに漢城一帯を奪い取ったのだ。

これに憤激した百済は復讐に乗り出したのだ。この戦争の為に倭の援軍を 百済は求めたと見られる。

553年五月百済は上部徳率科野次酒、杆率礼塞敦を遣して軍兵を乞うたと日本書紀は傳える。そして六月、良馬二匹、諸木船二隻、弓五十張、箭五十具を遣り援軍は望んだままに用いよといわれた。そして「医博士、易博士、歴博士は当番制により交代させよ。又卜書、歴本、各種薬などを求めた。」

453年冬十月二十日 百済の王子余昌は全軍をあげて高麗の国へ行き、百合野の塞を築き兵士と一緒に寝食をした。・・・余昌は 高麗の勇士を馬から刺し落として首を切った。・・・ 高麗王を東聖山の上に追い退けた。

554年春一月九日、百済は中部木劦施徳木次、前部施徳分屋らを筑紫に遣して援軍を督促して、援軍の数は千、馬百匹、船四十隻をすぐ発遣する傳えを聞いた。二月には下部杆率将軍三貢、上部奈率物部鳥らを遣して援軍を乞うた。五経博士王柳貢を固徳馬丁安に代えた。僧曇、慧ら九人を僧道深ら七人に代えた。易博士、歴博士、医博士、採薬師楽人らを交代した。そして12月9日に新羅攻撃を開始したと記す。

まず東方軍の指揮官物部莫奇武連を遣わし、その方の兵士を率いさせ函山城を攻めていた 倭兵筑紫物部莫奇委沙奇は火箭を射るのがうまくて九日の夕に城を焼いて落としました。と告げ、なお別に「ただ新羅のみならば内臣が率いてきた兵だけで足るでしょうが、今高麗、新羅の合同軍です。成功が難しいので伏して願えば筑紫の島の辺りの諸軍士をも遣して臣の国を助けて下さい。また任羅/加耶も助ければ事は成功します。

日本書紀はつづいて聖明王の戦死を記している。余昌が新羅を討った事を謀ると、重臣たちは諫めていった。「天はまだ吾に味方しません。恐らく禍が身に及ぶでしょう。」と、余昌は「老人は心配するな。自身は大和にお仕えしている。何の恐れることがあろう」と。ついに新羅国に入って久陀牟羅の 塞を築いた。

父の聖王は憂え、余昌は戦いに苦しんで長らく寝食も足りていない。父の慈愛に欠けることも多く、子としての孝も果せないと思った。そこで自ら出向いてねぎらった。新羅は明王が自らやっていたと聞いて全軍を動員し道を断って痛撃した。このとき佐知村の馬飼い苦都は明王を捕まえ再拜して、王の道を斬らせてもらった。・・・明王は天を仰ぎ難息して涙を流した。許していうに「常に骨身に沁みる苦痛をなめてきたが、今は万事休すのみ」といった。

或る本には新羅は明王の頭骨を収め礼をもって残骨を 百済に送った。新羅の王は明王の骨を北庭の階の下に埋めた。余昌はついに取囲まれて脱出できなかった。兵士たちは狼狽して助ける事も知らなかった。弓の名人に筑紫国活という者があって進み出て弓を引きねらいを定めて新羅の騎卒の最も勇壮な者を射落した。また次々と放つ天は雨のようにいよいよ激しく包囲軍を退却させてしまった。これによって余昌と諸将は間道から逃げ帰ることが出来た。」

555年百済の王子余昌は弟の惠を遣して「聖明王は賊のため殺された」と大倭に告げた。

そのあと余昌は悲痛の日々を過ごし、出家を願い王位に即くこともためらったが、ついに555年に即位して威徳王になった。威徳王も父王のように佛心が強く、大倭に佛経、佛像、佛僧など佛教傳播に努めた。

結びに

百済と大倭の友好関係が最も良かった時期は6世紀日中大王と男弟王、即ち武寧大王と継体天皇がいとこの間柄で各々百済と大倭と治めていた時代と聖王と欽明天皇の時代という。

そして武寧大王は儒教の公傳を、聖王は佛教公傳をもたらして大倭の飛鳥文化時代の基礎を築いたと思う。

百済のタムロとして大倭の王は西紀 531 年の政変の后に欽明の大倭は名実共に獨立王国になったと見られる。大倭の王位相続が自由になったのだ。そして大倭は 531 年の筑紫乱の鎮圧に成功した以後、倭の地で 大倭の王権は覇権を勝ちとる事ができた。554 年関山戦の大敗以後、百済の勢力は目立って 弱まり、562 年大加耶は滅亡し、加耶諸国を新羅は全て併合する事が出来たと思う。

５１３年の儒教公傳, 538 年の佛教公傳をもって大倭の国家体制および文化は一段と高まったのだ。４７９年百済王位に嗣いた東城王の護衛のために来た５００人の倭軍士の中には百済に帰化した者も多くあって、光州にある前方后円古墳の存在など、聖王時代外交乃至文化使節にたずさわった倭人名にその跡が見られる。

加耶復興会議を主導した百済の加耶政策は４５４年函山戦の大敗で無駄になり、４００年以後、百済のタムロから芽ぐんだ独立王国として栄えた加耶の七カ国も大加耶滅亡を最後に歴史から消えた。

佛教公傳以来、崇佛派蘇我氏と排佛派物部氏の間に巻き起こった紛争も５８７年物部氏が滅亡した後治まり、佛教は一段高まり大倭の飛鳥文化を築く事ができた。法隆寺の秘佛が聖王の面影を傳えるのでまことに感懐の至りである。

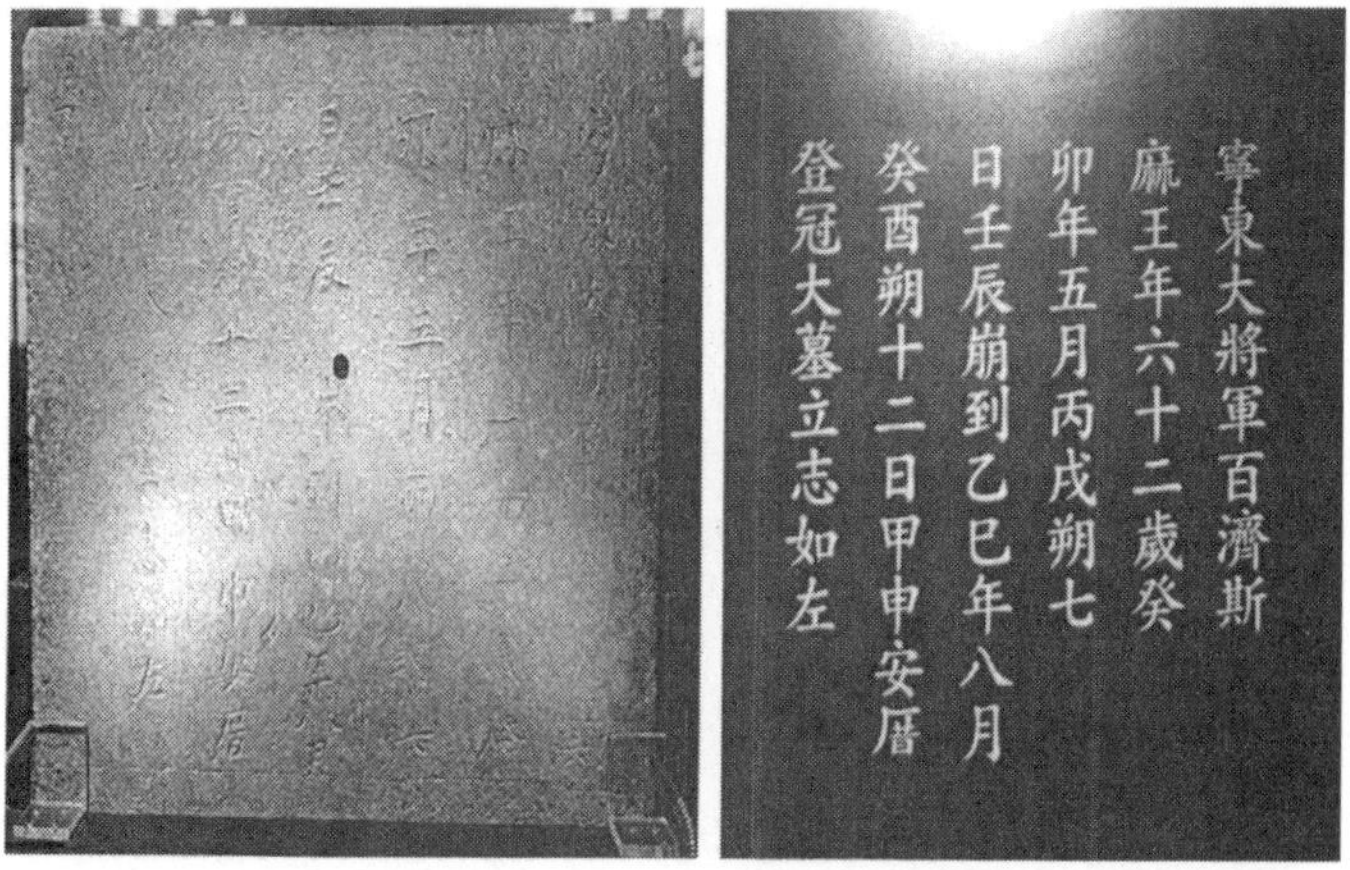
寧東大將軍百濟斯
麻王年六十二歲癸
卯年五月丙戌朔七
日壬辰崩到乙巳年八月
癸酉朔十二日甲申安厝
登冠大墓立志如左

武寧王陵 墓誌石

法隆寺 百濟觀音像

法隆寺 夢殿觀音像

第十三章　威徳王（555–598）と武王（600–641）

関山城戦闘で大敗し、父王聖王を亡くした王子余昌は王位の嗣くのを拒み出家しようとした。諸臣らの挽留にも拘らずこの戦いを敢行した王子余昌は悔恨と罪責と悲嘆の日々を過ごした。臣下１００人を出家する事にして、ようやく５５５年に王位に嗣いた。１９５５年に発掘した陵山里陵寺の跡から出土された舎利函に刻んだ二十字の銘文で 威徳王の即位年度が明らかになったのだ。

５５５年2月に百済王子昌は弟恵王子を使いに遣り大倭朝廷に父王の戦死を傳えた。そして５５６年1月に帰国した恵王子の護衛をする阿倍臣、佐伯連、播磨直らが筑紫国の軍船を率い、国に送りとどけたと日本書紀は記す。また、筑紫火君を遺して勇士1千を率いて弥弖に送らせ、船路の要害の地を守らせたという。引用した百済記に曰く“ 筑紫火君は 筑紫君の児火中君の弟との事だ” と。

筑紫君と言えば 筑紫国を治めた王のことでその児である肥国の王の弟を意味する。５３１年に大倭が討った 筑紫国の国王磐井は斬られたはずで、その国 筑紫国の軍船とは敗戦后も筑紫国が残存したのか、それとも 筑紫にあった軍船なのかここで疑問がおきる。ともあれ 筑紫国と言えば磐井の乱以前は 筑前、筑后、豊前、豊后、肥前、肥后を支配した大国であったので乱の後は解体されて残った筑前や筑后あたりの国の軍船でなかろうか？

そして磐井の乱の前は大国であった筑紫国の国王とその支配下の火中（肥国）の君の間柄は親族であった事がわかる。

王子をとむらった王興寺

關山城の戦争で大敗をした威徳王は戦争はもうしない事にしたのか三国史記はこの時期大きい戦争記事はない。二度新羅と紛争を起こしたが毎回敗けていた。そして王は多くの仏佛事をおこした。王興寺建立がその一例だ。西紀2000年から7年間発掘した結果、この寺は557年2月15日に亡くなった王子の冥福を祈り建てたのが明らかになった。そしてこの寺の木塔跡から出土された余利瓶や供養品は当時の百済の華やかな工芸術の極至を見せている。

百済はこの時期にも中国の南北朝に使いを遣っている。567年には陳に、570年には北濟に、577年は陳に、578年には后周に、581年と582年は隋に、584年と586年には陳に、そして589年には 隋に使いを遣っている。

一方、大倭にも多くの使いが往来した。576年5月5日倭の使い大別王と小黒吉子は 百済に来て11月1日帰国の際に経論若干、律師、禅師、比丘尼、呪禁師、造佛工の六人を伴って帰り、難波の大別王の寺に配置したと日本書紀は記す。

587年排佛派物部一族を倒した崇佛派蘇我氏は 百済から佛教の受容に先立ち、倭国の佛教はますます興った。

この乱の後、摂津国に四天王寺を造った当時、この寺の建立に当った 百済大工三人の中一人の子孫が今でも寺の近くに寺や神社の建築事業にたずさわっていると言う。

蘇我大臣は乱中誓願した通りに飛鳥の地に法興寺（飛鳥寺）を建てた。この寺は大火事に焼けて再建したのが現在の飛鳥寺との事だ。法興寺の創建に当たった 百済は僧恵總、令斤、惠寔を遣して佛舎利を送った。百済はこの佛舎利と共に、僧らと寺院建築工、鑪盤博士、瓦博士、画工等を送っている。そして蘇我馬子宿彌は 百済の僧たちに受戒の法を請い、善信尼らを 百済の使いにつけて学問をさせるため発たせた。５９０年には善信尼らが 百済から帰って櫻井寺に住んだ。この年は多くの尼が出家した。５９８年に法興寺は落成して馬子大臣の長子が寺司に、恵慈、恵聰二人の僧が住寺になった。法興寺の建物の配置を見ると中門、塔、金堂、講堂を一直線に置く 百済式と異なり高句麗の寺の様式を倣っている。これは高句麗出自の住寺僧慧聰らに影響されたと見られる。

５８７年には百済の太子阿佐を大倭に遣り、５８９年には百済が駱駝一匹、ろば一匹、羊二匹、白雉一羽を送ったと日本書紀は記す。南朝とひんぱんに交流した百済が南国の鉱物と文物を 倭に傳えている事がわかる。三国史記は５８９年の條りで陳を滅した隋の軍船が耽牟羅島に漂流した後、百済に由り物資を具え帰国した記事載せている。

ところが、この 耽牟羅島の地形が 隋書による限り通説の如く、済州島ではなく台湾島である説がある。耽牟羅と百済語の檐魯とは音が通じて台湾には 百済のタムロがあった可能性は十分あるからだ。中国南朝の史書による限り 百済は五世紀初期に二十二ヶ所のタムロを治めていたと記し、本稿で明かしたように倭の地にも三ヶ所のタムロがあったからだ。

同史書５９８年の條りで 隋が高句麗を侵攻する情報を聞いた 百済は 隋に軍導の役割を自請したと記している。隋が断った事を聞いた高句麗は憤激して 百済を騎馬軍で攻めて来たのだ。時に 百済の威徳王は高齢であり、太子阿佐は大倭に滞留中で王弟の子孝順王子が国防の責にあたる。この戦いを勝利にみちびいた孝順太子は莫強な軍事権をふるう。そしてこの年に亡くなった威徳王を嗣ぐべて阿佐太子の代わりに父恵王を推して王位に上るが、二年目に亡くなりその后を 嗣いで孝順太子は 百済法王になる。この王位継承に暗闘があったにちがいない。太子阿佐と共に弟淋聖王子は大倭に亡命したのだ。

淋聖王子の子孫はその後 倭の山口地方で代々に巨大な領地を治める大内家門として栄えた。山口地方を治めた大内家は１５５１年天主教の布教を許したとの事である。１４世紀全盛時代には周防、長門、豊前、筑前、石見、出雲、紀伊など七郡を治めたと言われている。

最古の佛像

長野市の善光寺には日本最初の金銅佛像阿弥陀佛が秘佛として所蔵されている。この秘佛を拝むために毎年7､８百万人の信者が詣でるという。７年毎に公開する佛像は１４５０年前に百済から傳来した金銅佛像で桑略記にはその 傳来が述べてあり、江戸時代に描いた渡来課程の絵巻もよく保存されている。

威徳王を 繼いた惠王も法王も在位二年で亡くなり、法王の長子があとを ついて６００年に 百済29代武王になる。武王は深い佛心と共に風流や美しい風景と庭園に傾倒した。

彌勒寺と法興寺

東洋最大の寺と言われている 彌勒寺は全羅道益山にあり、西紀639年に建立された東西二塔の中西塔の心礎石の舎利孔から出土された舎利壺と奉安記により、寺の建立年代や施主の縁起が明らかになったのだ。この 奉安記により、寺の建立を発願したのは王妃で佐平沙宅家の出自である事もわかった。

そして、 彌勒寺は 彌勒佛、中門、塔、金堂、堂宇、回廊を三個ずつ建て、中央の右側に講堂があるように配置をしていた。左右の塔は石塔、中央の塔は木塔である事も明らかになった。 彌勒寺には 彌勒がこの世に来て三回説法する為三つの寺を備え、そして 彌勒佛が留る地下空間を金堂に造った事から 彌勒佛の来世を切実に願っていたことが明らかになったという。

彌勒信仰は当時 百済のみならず新羅、大倭に流行していて轉輪王を理想とした聖王のように武王も佛土を世に実現しようと努めたのだ。最近に 彌勒寺西池から 出土された八世紀の木簡には 百済の数詞が刻まれて百済語と日本語は関わりがある事を明らかにするに役に立っている。

王興寺は５７７年に創建しはじめ、３５年をかけて６３４年に完成させた。泗沘城の向かい側に白馬江のほとりに建てたこの寺を王はよく船で渡ってきて香をあげた。王興寺の配置は中門、塔、金堂、講堂が南北一直線に並ぶ。 この木塔は五層である事が塔跡の調査でわかっている。舟が着いた所から中門まで道跡も発掘された。木塔跡の心礎石の舎利孔からは舎利塔、青銅函、銀製壺、金製瓶が出土され、舎利函の側面には二九字の銘文が刻まれていた。

:５５７年百済王章が亡くなった王子の為に寺を建てたと。

心礎石南から出土された供養物のおびただしい装身具の中には極めて薄い雲母蓮形飾り、５㎜玉に穴を貫いた工芸品など極めて珍しい工芸品が感嘆をよびおこした。

陵山里寺跡の木塔跡からも舎利函が出土されて佛の舎利を収めた塔は佛の象徴でもあるので、百済の佛心の深さを示している。

大倭との交わり

武王時代には百済と大倭の間には使いが往来し、佛僧や佛経が 大倭に送られていた。６０１年１０月百済の僧観勒が倭に来て、暦の本、天文地理の本、遁甲方術の本を奉り、書生三，四人を選んで学ばせた。６０３年佛像を奏河勝にあずかり広隆寺を建てた。６０９年には百済僧道欽、恵弥を頭として僧十人、俗人七十五人が肥後の国の葦此の港に漂流し、その中修道者１１人は飛馬寺に住んでいたと思われる。

６１０年には高句麗から僧曇徴、法定らが来朝、曇徴は五経にも通じ絵具、紙、墨などを作り、水力を用いる臼をも造った。６１２年には百済から 大倭に多数来て、全身に斑白や白はたがあり異様な者があった。彼は庭造りが上手で宮廷に築山、須弥山や呉橋を造ったりした。名つけて路子工といった。その外に味摩之は伎楽の舞にたけたので少年を集めて伎楽の舞を習わせたという。

６１３年には掖上池、畝傍池、和珥池を造っている。６２４年には僧観勒を初の僧正に任じた。６１５年と６３０年、６３５年には百済の使節が倭に来たと日本書紀は記す。

このような記事を通じて武王時代にも百済と大倭とは友好な国交を続けた事がわかる。

武王の宮苑

三国史記には武王が好んだ風流と宮苑を傳える。６３４年の條りで武王が壮厳な法興寺を江のほとりに 建て舟で往き、寺で線香をささげたし、６３６年には宮城の南に池を掘り、堤を築き楊木を植え、池の中には島を造り、水を二十里の外から送ってきたと述べている。

636年の條りでは武王が左右の臣下を連れて泗沘河の北浦にあそび宴会を楽しんだ。この浦口の両岸には奇岩、怪石がずらりと立ちそのあたりに華やかな草花をうえ絵のようだった。王はそこで酒を飲みながらつつみを打ち琴をはじき、歌を歌い、臣下らは交り舞いあったという。人々はこの地を大王の浦と呼んだと言われている。

近年発掘を続けている益山の別宮跡にある后苑に造った築山、池、景石などの秀麗、壮大 に感歎すると言われている。

こうした庭作りに携わって百済の庭園師らがこの後新羅の雁鴨池、奈良の宮廷の庭作りに関わったと思われる。

結びに

聖王の王子昌は勇猛な若盛りで元老臣下の反対にも拘らず3万の大軍を率いて、関山城の新羅軍に向かった。ようやく取り戻した漢城を新羅に奪われ）憤激の復讐戦であったのだ。

倭軍も加羅軍もあずかり三万の百済軍は緒戦を勝利に意気揚々であったが、広州から来た新羅の援軍と突然の聖王の戦死により百済軍は潰滅した。

ようやく包囲を抜け出し、都城に戻った王子昌は悲歎の日々を過ごし、555年即位の後にも佛の慈悲を願いながら亡考と戦没者の為か多くの佛事を興した。そして大倭に送った多くの佛像、佛典、佛具等は王の佛心の発現だと思う。恵王、法王を経た武王の時代にも佛教は盛んで相変わらず 大倭の佛教振興にあずかった。武王は特に風流を楽しみ、宮苑の造営にも熱烈であった。

中国や倭との外交にも務めてとても平穏な時代であった。

扶餘 宮南池

彌勒寺 石塔 (復原)

扶餘宮南池

第十四章　百済の滅亡と日本に成った大倭

義慈王は武王を嗣いで第三十代百済王に即位したのは西紀461年であった。東方の曽子と呼ばれるほど孝子であったし、兄弟とも優しかった。462年には唐に使いを遣り、王自身軍を率いて7月中に40あまりの新羅城を攻め取った。この年8月には陜川近くの大耶城を落とした。

そして463年には唐に使節を遣り、舒明を嗣いた皇極朝に弔問使を遣り、ついでに百済の政情を傳えている。

弔使曰く「百済国王は私に、塞上（弟王）はいつも悪いことを言っている。帰国する使いにつけて帰らさせて頂たいが許されまい，と。弔使の従者は「去年十一月大佐平智積が死にました。まだ百済の使人が昆倫の使いを海中に投げました。今年一月国王の母が亡くなりました。また弟王子に当る子の翹岐や異母の女子の四人、内佐平岐味、それに高名の人々四十人あまりが島流しになりました」といった。

6月にあった高句麗の政変も傳えている。この記事は百済と共に 高句麗に不安な政情を使唆し義慈王の王位相続や政策に異議があったのか疑問が生ずるにも拘らず、唐と倭に対する親交政策は変わらない。

643年と653年の10年間、新羅との国境紛争は相つづいている。新羅が唐に行く道程にある唐項城を奪うとしたが、唐の抗議で中断された事もあった。百済は644年、645年、650年、652年にかけて唐に使いを遣ってあり、倭にも使節が往来した。

654年大倭は241名の学問僧を唐に遣っているが、百済の学問僧の遣唐記事は見当らない。一方、新羅は唐と倭と活発な外交をつづいている。特に学問僧玄理は大倭の新羅外交政策に大きな影響をあたえ金春秋の対 倭外交にもあずかる。

歓楽にあけくれた義慈王

西紀655年百済は 高句麗と共に３０ヶ新羅城を占領した。ところが、西紀656年3月の三国史記の記事によると王は宮女と淫乱を耽楽し、飲酒を止めなかった。佐平成忠が諌めたのに怒った王は獄に落した。

王の心中に何がおきたのだろうか?王の失政はつづいた。667年正月王は44名の庶子に食邑を與えたと三国史記は記す。この数年新羅と唐は百済を滅すべき戦略を秘かに進めていたのだ。唐に留学した玄理は新羅を通じて帰国した後に皇極朝に新羅と高句麗と友好外交を進めた。647年4月に百済系の蘇我家が没落した大倭の考徳朝をたずねた金春秋は新羅との友好外交を求めたに違いない。 唐は善徳女王の 新羅を蔑視したので 、新羅には叛乱がおきていた。 この叛乱を鎮圧に成功した金春秋は当時新羅に來た玄理と一緒に大倭を訪れた。

‘ 春秋は容色美しく快活に談笑した’ と書記は記す。この以后も大倭の親百済外交はつづく。

金春秋は唐との関係改善に努めた春秋は唐に入朝した際唐服を着て唐の歓心を得た。遂に新羅は唐と密約して百済を討つことになる。659年に唐の江南地方に至った倭の遣唐使は百済侵攻作戦の秘密を保つ為に唐に抑留された。

泗沘城の陥落

義慈王２０年（600年） 6月の事だ。ここ数年の間、歓楽にあけくれた義慈王に不意の急信が傳えられた。

蘇定方が率いる十三万の唐軍が　徳積島に至り金庚信が率いる五万の新羅軍が百済に進軍しているとの事だ。即位の後数年間、多くの新羅城を奪い勇猛を誇った義慈王は近来酒色におぼれて軍事と政事を遠くしていたので、羅唐聨合軍の急襲に狼狽した。忠臣を投獄した義慈王は側近臣下に防ぐ方法を聞いていた。臣下は疲れた唐軍が上陸する前に討つべきだと主張もあり、新羅軍は険しい炭峴峙で防ぐべきだと論争をくりかえす間に途方にくれた王は機をのがしていた。

このすきに唐軍は百江に至り新羅軍は炭峴峙を越えていた。急ぐ間もない王は階伯将軍に命じて５千名の決死隊を率いて黄山原で新羅軍の迎撃を命じた。

三国史記はこの戦況をこう記している。“７月９日庚信の軍は　黄山原に攻めこんだ。百済の　階伯将軍はすでに　黄山原の三ヶ要所に陣を構えていた。庚信の軍は三陣に分かれて四面戦ったが戦況が不利で兵士は疲れ果てた。摩下の将軍　欽春は息子宮状に言った。‘臣下は忠を、子は孝を重んずるべきだ。危機に命をかけて忠孝を盡すのが子の道理だ’息子宮状は‘お言葉は至当のいたりです’と言い敵陣に突入して勇敢に戦死した。左将軍品日は息子を馬の前に立ちさせ、‘吾が子は年が１６才の若者だがよく三軍の表彰になるべきだ’と言われた。

子はただちに敵陣に突入したが生け捕りになった。１６才の若者であるので百済軍は放したが、彼は再び突撃してついに殺された。こうした若者達の勇気に励まされた新羅軍は百済軍に勝った。こうした激戦の後唐軍と合流したが約束の時間に遅れて責任をせめた　蘇定方は新羅の将軍金文穎を斬ろうとした。金庚信は”この処置は黄山戦の激戦状況を目撃しなかったことに由る。それでは唐軍と戦ったのちに百済に迫る“と抗議するに至る。蘇定方もこれで改心した。

７月１２日、羅唐併合軍は泗沘城を包囲して所夫里原に進軍した。百済は勇敢に羅唐軍と戦い一万人の軍士が戦死した。ついに唐軍は宮城内に攻め込んだ。

王は嘆息して言った。“悔む。残念の至りだ。忠臣成忠の諫めを聞かなくこの派目になった”開戦3日目の七月十三日に王城は敵軍に包囲された。義慈王は太子孝と共に北方の熊津城に逃げこんだ。王城を守っていた次子太王子は城門を開き降伏した。北に逃亡した義慈王はどうなったのだろうか?最近中国洛陽で発掘された熊津城主禰寔進の墓誌と唐書を比べて明らかになった事は城主禰の劃策で王は余儀なく降伏して城主禰 寔進は戦後、唐内に栄達したようだ。

九月三日蘇定方は王及び王子、大臣、将軍８８人と 一万二千人の捕虜を連れて帰国した。

当時、唐長安に居た伊吉連博徳は１１月１日に百済の虜人らが唐朝廷に連れられた場面をこう傳えている。

“百済義慈王以下、太子隆、王子１３名、大佐平等３７名ら５０名を朝廷にたてまつるため、にわかにひきつれて天子のところに赴いた。天子は惠を垂れて、楼上から目の前で俘虜たちを釋放された”

百済復興軍

西紀６５０年８月２日に泗沘都城内で戦勝宴が開かれた。武烈王と蘇定方将軍らは堂に座り、義慈王と王子らは堂の下に立っていた。やがて義慈王が酒盃を満たして戦勝者にたてまつる悲痛な場面が起きた時、百済の臣下は痛哭した。そして掠奪に憤激した百済民たちは叛旗をさし上げ反抗戦が烽火の如くもえあがった。

百済はもと5部 37郡 76万戸があった。唐はこの地に五都督府を設け都督、知事、縣令を以て治める事にして唐の直轄地に編入しようとした。

先王武王の甥 であった福信らはこれに対し反軍をおこしたのだ。僧道深と共に州留城に立ち込み、倭の地にあった王子夫余豊を新たな百済王として迎えた。それをきっかけに西北部にあった諸城も一斉呼応した。この復興軍を率いて福信は都城に留っていた唐軍を包囲した。蘇定方と唐の主力軍は帰国して、劉仁軌が少数の唐軍と共に泗沘城を守ったのだ。

日本書紀は当時の事態をもっと詳しく傳える。斉明六年記九月五日の條りで百済は達率沙彌覚従を遣して奏上させ「今年の七月新羅は力をたのんで勢いをほこり隣と親しまず唐人を引き入れて百済を轉覆させました。君臣みな虜とされてほとんど残る者もありませんと言った。

西部思率鬼室福信は激しく發憤して任射岐山（任存城）に陣取った中部達率余自進は久麻怒利城（熊津城）に據りそれぞれ散らばった兵を誘い集めた。

冬十月百済の佐平鬼室福は佐平貴智らを遣して、援軍を乞い同時に王子余豊璋を頂きたいと言った。

十二月二十四日天皇は福信の願いに応じて筑紫に行幸し、将軍を送ろうとして、まずここに種種の武器を準備させた。

661 年 9 月王子豊璋の帰国を五千人の軍士が護衛した。佐平鬼室福信は迎えに来て平伏した。

662 年 12 月 1 日百済王豊璋とその臣佐平福信は狭井連・朴市田来津と相談し、「この都の州柔城は田畝にへだたり土地がやせている。

農桑に適したところでない。戦いの場であってここに長らくいると民が飢えるだろう。避城に移ろう。避城は西北に新坪河が流れ、東南は貯池の堤があり、一面の田圃があり、水利も・・・人のすむべきところである」と福進は言った。このとき朴市田来津が諫めて「避城と敵のいるところとは一夜で行ける道のりです。たいへん近い。もし不意の攻撃を受けたら悔いても遅い。飢えは第二です。存亡は第一です。今敵がたやすく攻めてこないのはここが山険を控え防禦に適し、山高く谷狭く守り易く攻めにくいためです。もし低いところにいればどうしてかたく守り動かないで今日に至ることが、できたでしょうか」と諫めた。しかし聞かないで避城を都にした

663年春2月2日、新羅人が百済の南部の四州を焼き討ちし徳安などの要地を奪った。このとき避城は敵に近すぎたのでそこに居ることができず、州柔城に戻った。田来津が言ったようになった。

663年6月、百済王豊璋は福信に謀反の心あるのを疑って、掌をうがち革を通じて縛った。その間、豊璋と福信の間には不信が積み重なっていたよ うだ。そして戦略上后退を口実に豊は福信を斬った。

663年8月13日、新羅は百済王が自分の良将を斬ったことを知り、直ちに攻め入って、まず州柔城を取ろうといた。ここで百済王は敵の計画を知って諸将に告げて大日本国(大倭)の救援将軍藤原君臣が兵士一万余を率いて、今海を越えてやってくる。どうか 諸将軍たちはそのつもりでいて欲しい。私は自分で出かけて白村江で迎えしよう。」と言った。

663年8月17日に敵将が州柔城に来て城を囲んだ。大唐の将軍は軍船170艘を率いて白村江に陣をしいた。27日に日本の先着の水軍と大唐の水軍が合戦した。日本軍はまけて退いた。大唐軍は陣を堅く守った。

8月28日、日本の諸軍と百済の王とはそのときの戦況などをよく見極めないで次のように語った「われらが先を争って攻めれば敵はおのずから退くだろう」といった。

さらに、日本軍で隊伍の乱れた中軍の兵を率い、進んで大唐軍の堅陣の軍を攻めた。すると大唐軍は左右から船をはさんで攻撃した。すぐに日本軍は破れた。この時、百済王豊璋は数人と船に乗り高麗へ逃げた。

663年9月7日、百済の州柔城は唐に降伏した。この時、国人と語り合った、「州柔城が落ちた。如何とも致しがたい。百済の名前も今日で終わりだ。先祖の墓にも二度と行くことができぬ …」と言った。三国史記によると余自進が守っていた任存

城だけ復興軍に残った。そしてこの城を落としたのは黒歯常之という元百済の武将であった。彼はこれまで復興軍の先鋒で羅唐軍に対し戦っていた武将だった。どうしたのだろうか？

約70年前、中国の洛陽で発掘された黒 歯の墓誌によると祖父は百済王族で中國江南にあったタムロの穫居で代々この地を治めていたことで黒歯がこの一家の姓になったと言われている。母国の危機を知り帰国后復興軍に合流し、すぐに3万の軍士が集まったと言う。泗沘城が落ちた後の事だ。蘇定方が送った唐軍を退けた後、彼が率いる復興軍は百済城を多数とりもどし唐軍も手に余る状態だった。こうして黒歯常之は別部将沙陀と共に険峻な山城を據点として光復戦を続けた。けれども太子隆を唐が百済都督に任じた後、どうしたわけか唐側に変節したのだ。

州柔城が唐軍に降った後に黒歯常之は沙陀と共に余自進が守っていた任存城も降した。こうして百済の復興軍は完全に壊滅したのだ。その後黒歯常之は唐治下の百済都督府の要職を経た後、唐の内外で戦争にあずかり高い官職に就いたが、誣告により命を落とした。驚く事に黒歯が治めていたタムロガ現在中国広西省壮族自治区の百済嘘のあたりの地方にであって、この地の人民は今でも大百済の子孫であることを誇りにしていると言う。

唐は戦后高句麗にも、百済にも、新羅にも、そして大倭にも都督府を設ける積りであったが、新羅との七年抗戦后都督府を撤退するに至る。

戦后新羅は百済を併合したが、その勢力は大同江以南にしか及ばなかった。

結びに

即位の後１５年間義慈王は国の為に国防と外交など誠心で国任を果たしていた。けれども、どうしたことか１６年以後は酒色におぼれ国政を疎んじっていたと三國史記は傳える。

一方、唐書によると659年頃百濟の侵攻になやんだ 新羅は唐に援軍を請み、唐は高句麗を討っ前に百濟を討っ事になった言す。

この間新羅は唐を動かして１３万の唐軍と5万の新羅軍は百済を攻めてきた。開戦三日目にはもはや王城泗沘城は落ちた。義慈王、王子、大臣らは唐に虜になり連れいかれた。以后達率鬼室福信らは３０年間大倭に留っていた豊璋王を百済王に迎え３年間復興戦を試み、５千の軍士、３万余りの水軍の倭援軍の甲斐もなく敗戦して百済は滅亡した。

復興軍を率いた豊璋王まで３１代６６３年間百済の栄辱は相続いた。西紀３６９年近肖古王は洛東江沿いの加耶七ヵ国を平定したついでに全羅南道まで領土を広げタムロを設けた。けれども西紀３９６年高句麗の南進により百済の５８城７００村が 破壊され、国力が衰えた。禍いは福となりこの乱中熊津（公州）と多沙（河東）にあったタムロの穫居らは倭の地に亡命しておのおの関西と関東の倭地に定着して国つくりをはじめた。

五世紀半ば頃には百済のタムロが関西、関東、九州にはいる。百済の国力が衰えるにつれてこのタムロらは大倭、毛野、肥など独立王国として栄えたが毛野は大倭に吸収された。５３１年には筑紫の乱を鎮圧した大倭王権は大王国になり、遂には百済の滅亡後名実共に統一王国の誕生を見て６７０頃には日本と国号を定めることになる。

本稿で明らかにしたように百済の王室と倭王室は親族で、百濟毗有王の子倭王済が４５５年に百済蓋鹵王に成り、この弟王が倭王興/雄略であり、倭王興の次子が百済東城王であり蓋鹵/済の王子斯麻が倭王武で５０２年には百済武寧大王になり、倭王武のあとを倭王興/雄略の子が嗣いで継体天皇になりこの子孫が綿々と日本の王統を嗣いて来たのが明らかになった。

西紀６６０年に百済は滅亡したけれどもその王族は日本の王族として今に至っているのだ。こうした百済と倭の古代歴史を基に韓国と日本国は隣国として親善を共にするべきだと拙稿は信ずる。